Willi Gutting
Unter dem Roten Dom

Willi Gutting

Unter dem Roten Dom

Miniaturen einer Kindheit

Willi Gutting (1901–1986) zählt zu den bedeutendsten Erzählern der Pfalz. In zahlreichen Veröffentlichungen gelingt es ihm, das Leben und das Empfinden vornehmlich der kleinen Leute auf eindringliche und poetische Weise zu schildern.

Im Erzählband „Unter dem Roten Dom" wird das Leben in Speyer Anfang des 20. Jahrhunderts lebendig. In unnachahmlicher Art schildert Gutting die Welt der Kinder, der Schiffer, Handwerker und Wäscherinnen, die das Bachviertel unweit des Doms prägten.

Inhalt

Eine Hand hält tröstlich die meine   7

Zuunterst der Bach   9

Salut für Kätha   17

Das obere Königreich   25

Auf der sommergrünen Bleiche   37

Alois oder Das Leben zu zweien   43

Narrengrüße   55

Die Reise nach Straßburg   63

Bethlehem im Hinterhof   83

Eine Hand hält tröstlich die meine

Erinnerungen vergilben im Gedächtnis nicht anders als die Fotos in den Alben, und so habe ich nicht mehr als zwei der frühesten, die noch zu deuten sind:

Die erste zeigt einen sehr großen und sehr hohen Raum, ein Kirchenschiff vermutlich, dämmrig, fast dunkel, mit schwarzen, schweigenden Gestalten, die aus dem Dunkel kommen oder ins Dunkle eingehen – Inbegriff aller Abgeschiedenheit und stummer Drohung. Aber eine Hand, die ich nicht sehe, hält tröstlich die meine, und vor meinen Augen, überdeutlich sichtbar, glänzt seidig ein Rüschenärmel.

Die zweite stellt sich als eine Landschaft dar, als einen einsamen Bahnsteig mit einem Gleispaar und unvermittelt beginnenden Kornfeldern, schweigend unter der fahlen, zwielichtigen Schwere eines späten Abends, weiter dahinter Geheimes und Verborgenes und in der Ferne die dunkle Horizontale eines Waldes. Hier nun, entgegen der Stummheit der ersten, wird die schreckliche Bedrohung ins Hörbare gesteigert, vom Walde her kommen die Stimmen der Frösche, anschwellend bis zu qualvoller Deutlichkeit, als seien die Rufer und Schreier plötzlich nahe, und wieder abklingend, als seien sie umgekehrt und kröchen ins Rückwärtige, und wieder anschwellend und wieder verhallend, und immer wieder und wieder anschwellend und verhallend. Aber eine Hand, die ich nicht sehe, hält tröstlich die meine.

Zuunterst der Bach

Das Bachviertel war den kleinen Leuten und den kleinen Häusern zugewiesen worden. Die Brücke fing drüben zwei der kleinhäusigen Gassen ein, nahm sie zusammen herüber und entließ sie wieder; sie teilten sich hüben sogleich und liefen auseinander. Ein kleines Plätzchen blieb liegen, wo sie auseinanderdrängten und sich einzeln durch die Häuserenge zwängten, eine Lichtung im Häuserschatten, von dem alten Pumpbrunnen mit dem steinernen Rundtrog besetzt, sommers eine Stelle der Labung und Tränkung.

Über den kleinen Häusern samt ihren biederen, kleinen Leuten saß der lange Dom wie ein bruthütender Alter über seinen Jungen, tagsüber ein mächtiger, rotgeschmückter Palast, nachts ein ungeheures Schattenbild.

Wir wohnten so nahe an dem Bach, dass er mir nicht weniger vertraut war als Haus und Hof. Wir waren befreundet, sozusagen, und ich ging immer wieder einmal zu ihm hinunter über den steilen Hang mit den vom Regen ausgeschwemmten Rinnen und unter dem trockenen Brückenbogen hindurch zu der Treppe, wo ich ihn mit Händen greifen konnte. Hie und da kam der Bach auch zu mir, immer wieder einmal – da war doch hinter etlichen Brücken und vielen Bäumen auf den jäh abfallenden Bachrändern der große Strom, und der Bach hing wie ein Junges an seiner mächtigen Brust und sog und trank und übernahm sich bisweilen und schwoll dann unversehens zu einem Riesen. Zu diesen Zeiten also kam er zu uns ins Haus. Unten im Keller, wo es ihm gefiel, blieb er dann eine ganze Weile, ein stummer, schläfriger Gast; er lag schwer und schwärzlich verfärbt unter den gemauerten Wölbungen, und hie und da versuchte er einmal, blind und langsam wie alle Träumenden, die Steinstufen hochzusteigen. Wir hatten uns längst an ihn gewöhnt; wir gingen über ihm umher und kümmerten uns nicht um ihn. Nachts im Dunkeln, ehe ich einschlief, hatte ich oft ein brüderliches Gefühl für ihn: dass er zur gleichen Zeit gähnte und sich drehte und bequemer streckte – er unten, ich oben, und beide unterm selben Dach. Morgens besuchte ich ihn regelmäßig. Es konnte geschehen, dass er über Nacht wieder gegangen war und nichts als sein feuchtes Bett zurückgelassen hatte; ich nahm es ihm meist ein wenig übel, dass er nicht auf mich gewartet hatte.

Unser Haus war ein altes Haus und schon etwas abgenützt und verbraucht; es lehnte sich, um einen Halt zu haben, eng an das verrunzelte Brückengemäuer über den beiden Steingewölben, die die Pflasterstraße über den Bach hinübertrugen. Die niedere Vorderfront war dieser Straße zugekehrt, gedrückt und griesgrämig von Ansehen; aber der Flur von der Haustüre bis zur zweigeteilten Hoftüre ging mehrfach über Stufen hinab zum tiefer gelegenen Hof, alle Schritte wurden nach unten gelenkt, hofwärts und bachwärts. Unser Haus war in Wahrheit dem Bach zugewandt, und von dessen Tiefe aus stieg die Giebelwand turmhoch an, über die Brückenhöhe weiter hinauf bis zum obersten Fenster unter dem Dachfirst, ein respektables Haus aus der Sicht der Schneider und Stichlinge und Neunaugen und des anderen Wassergetiers weit unten. Hier also, zuunterst durch eine uralte Zyklopenmauer, drang der Bach gelegentlich in das Haus ein, meist im Frühjahr, wenn die Weidenbäume und Hollerbüsche an den Uferhängen zu treiben anfingen. Vom ersten Grün überflogen, mussten auch sie hinunter in den geschwollenen Bachleib und tauchten nach einer Weile unverdrossen wieder aus seiner Tiefe auf samt den nassen kleinen Blättern.

Die Wäscherei, die meine Großmutter in der im Hof gelegenen Waschküche betrieb, hing seit jeher aufs engste mit dem Bach zusammen – das weiche Bachwasser, durch Holzasche gefiltert, füllte den Heizkessel und die Zuber auf ihren hölzernen Böcken. Am Wochenanfang erschienen die drei Waschweiber – eine sanfte Zierliche mit einem Klumpfuß, eine ausgedörrte Hagere und eine breitmäulige Dicke mit haarigen Warzen im Gesicht – und rieben und bürsteten und walkten hemdsärmelig und dampfumwölkt in den Zubern. Später einmal, dreißig Jahre danach, hatte ich eine jähe Vision dieser hexischen Waschküche: Als wir, zur Nachtzeit nach einem wochenlangen Hungermarsch durch die ostpreußischen Sumpfwälder in dem Tilsiter Gestüt angekommen, nackt in die düsteren Räume eines Stalles getrieben wurden – wir hatten uns zu waschen, über dampfende Kübel gebeugt, und die Schwaden stiegen um uns hoch und hingen sich um das rötliche Licht an der Balkendecke. Ein paar russisch uniformierte Ärztinnen strichen zwischen uns hin und her und betasteten unsere Rippen mit ihren Reitgerten, und dann und wann klatschte eine über ein gestrafftes Hinterteil, worauf sie allesamt in ein gackerndes Gelächter ausbrachen, genau wie unsere drei zahnlückigen Lacherinnen in der Waschküche, wenn sie über ihre hartmäuligen Mannsbilder redeten. Ich hatte öfter in der Waschküche zu tun, ich musste, als ich dazu imstand war, das Wasser in dem großen ovalen Zuber nachfüllen; es waren bei jedem Gang zwei Eimer den steilen Hang heraufzutragen, ein schweres Geschäft für meine zwölfjährigen Schultern.

An den ausgetretenen Stufen vor der Brücke war der Bach am zugänglichsten; dort verweilte er, eine Handbreit über den Steinen, und ließ sich gutwillig fassen, dort spülte er gerne die Kleinsten seiner Brut in meine zusammengebogenen Hände: zarteste Blinkhäutchen mit kugeligen Zwillingsaugen am vorderen Ende – sie schossen wie kleine Blitze in der Pfütze zwischen den Fingern umher und zappelten aufgeregt, wenn das Wasser verronnen war. Man musste sie eiligst zurückgeben, damit das winzige Leben nicht plötzlich dahinschwand, undeutbar wohin, als silberiges Tröpflein mit dem Wasser hinabrinnend oder als unsichtbares Perlenbläschen aufsteigend in die tödlich trockene Luft.

Dort war auch der Hafen für die Schiffe aus

gefaltetem Papier, dort stachen sie in die See und segelten dahin, und ganz von fern sah ich sie noch einmal weiß in der Dünung aufglänzen. Dort stiegen wir, die Kumpanei der kurzhosigen Barfüßer, dann und wann hinab in die weiche, schenkelkitzelnde Tiefe, um verwegen in das Ungewisse zu waten, die schrecklich missgestalteten Aalraupen unter den Ufersteinen und in den Scherbenhöhlen aufzujagen und den Blutegeln, die unsere Kniekehlen anzapften, mit Gleichmut zu begegnen. Schwoll aber der Bach – und er hob sich oft bis dicht unter die Wölbungen der Brücke – dann schwammen wir in abgelegten Kleidern obenauf oder fuhren als eine ganze Flotte mit unseren verpichten Kisten stromauf und -ab; man muss es wissen: wir knieten darin und ruderten mit Brettstückchen in den Händen; es war eine Kunst, die gelernt sein wollte.

Er ließ sich's gefallen, er duldete uns auf seiner blanken Haut, ein riesenhaftes, träges Untier; er liebte uns, anders ist es nicht zu erklären. Hin und wieder nahm er einen von uns ganz zu sich hinab, nicht allzuoft, versteht sich, um uns nicht auszurotten, meist um den Johannistag, wie meine Großmutter schwor. Der Bach schien darauf zu halten, dass es keine Zeugenschaft gab; mit einem Mal kam jeweils in der Gasse das Gerücht auf, der oder jener sei nicht mehr da, sei nicht mehr auf der guten, trockenen Erde, um sich zu bewegen, um zu schreien oder zu lachen und endlich heimzugehen; er sei drinnen, einige Schritte über der Grenze, ein paar Armeslängen unter der blanken Haut. Dann fing längs der Gasse das Gerufe und Gelaufe an, die Mütter rotteten sich zusammen um die eine mit dem leeren Blick und dem gehetzten Wesen und blieben um sie bis zum Abend; denn der Abend war die Zeit der endgültigen Entscheidung. Wenn es Nacht geworden war, borgten sich die Männer den Nachen und den Haken des Fischers Balthasar Brecht und die Stallaternen des Bauers Gottlieb Söhnlein und suchten sodann tief unten am Grund, während der Bach schwarz unter dem Widerschein der Lichter hinglitt. Auf der Brücke drängten sich schattenhaft die Leute aus der Gasse und sahen hinunter auf die langsam wandernden Lichtkreise und die schwarz Hantierenden im Nachen und hörten auf die Geräusche und das Gemurmel unten und auf das Gepolter der Riemen und Stangen an Bord. Dann seufzte urplötzlich die Menge, es war wie ein Windhauch in der Nacht; unten hoben sie die leere Hülle an Land. Die Mutter unten, unerkennbar und schattenhaft, nahm endlich in die Arme, was ihr gehört hatte, und flüchtete schreiend damit hinauf und über die Gasse und in das Haus und in die trostlose Stube. Alle wussten es: Das unersetzbare Leben war längst aus dem schlaffen Leib herausgenommen, herausgesogen worden, es war dahingeschwunden, undeutbar wohin. Mir schien, dass es unten geblieben war in der Schwärze, in dem nächtlichen Windhauch, in dem hinabgesunkenen Widerschein der Lichter, in den verlorenen silbernen Tropfen.

Salut für Kätha

Großmutters Garten war ein dürftiges Viereck zusammengedrängten Landes, von Haus und Waschküche spitzwinklig eingeengt, beschattet von der zerfallenen Mauer und dem ungeheuren Birnbaum des benachbarten Schmiedes. Auf der vierten Seite aber, nur durch dünnsten Maschendraht abgetrennt, öffnete sich der Garten weit auf das Ufer und das tief eingeschnittene Bett des Baches; die steilen Böschungen hüben und drüben waren mit unendlich grünem Baum- und Buschdickicht bewachsen; sie dehnten sich bachabwärts bis in die Gebiete schrecklichster Fremdheit, wildes, pfadloses, dämmergrünes Land, geliebtestes Land. Über der Lattentür, die uns in die ernsthaftesten, ungezählten, ungemessenen Abenteuer einließ, war ein Gartenhaus errichtet wie ein Turm über dem Tempeltor.

Über der versponnenen Gartenstille, über den Dächern und den Platanenwipfeln stand der alte, langgezogene, rote Dom, und seine Kaiserglocke füllte am Karsamstagabend den neu geglätteten, säuberlichen Garten, aus dem sich schon die Büschel der Schwertlilien und der Osterglocken emporhoben, mit dunkel tönenden, metallisch schweren, riesigen, goldenen Bällen.

Ich war drei Jahre alt, als meine Mutter starb. Ich überlebte sie, ohne dass ein Hauch ihres Wesens, eine Spur des dahingegangenen vierundzwanzigjährigen Lebens in meinem Gedächtnis zurückblieb.

Als Kätha starb, war ich sieben Jahre älter geworden. Ich überlebte sie, erstmals von dem kalten Schauer angerührt, von dem scharfen Zweifel an dem Bestand des Gewohnten und von der jähen Erkenntnis des Niemalsmehr heimgesucht. In meinem Gedächtnis haftet unverloren die sanfte Wärme ihres Wesens, die leichte Spur des dahingegangenen vierzehnjährigen Lebens.

Kätha hatte eine leise und gewaltlose Krankheit. Ihr Herz war zu schwach, um das Leben hinter sich zu bringen; man brachte mir bei, dass dieses Herz seit langem nicht mehr gewachsen sei, und nunmehr klein und ängstlich an seiner viel zu großen Stelle sitze und zu schlagen versuche.

Seit sie krank im Bett lag, besuchte ich sie hie und da am Tage. Ich musste über die Stiege hinauf, und sie sah mir, wenn ich unter der Tür war, lächelnd entgegen; sie war meist allein, es war eine einsame Krankheit. Tagsüber ging alles, was oben gesund war, nach dem täglichen Brot; die verwitwete Mutter Käthas, Schwester der Großmutter, und ihre Töchter Anne und Liese schufteten unten in der Bügelstube, und nur gelegentlich sah einmal eine hinauf. Erst abends saßen sie standhaft um das Bett im Wohnzimmer und verwöhnten die Kranke mit der aufgesparten Zärtlichkeit. Kätha hatte um jene Zeit eine entrückte, sanfte Schönheit gewonnen, sie besah sich gerne in dem Spiegel, den sie immer zur Hand hatte. Sie hatte mir anvertraut, dass sie eine Prinzessin sei: »Ich erbe ein Königreich, wenn ich erlöst werde. Jetzt bin ich verwunschen und muss hier im Bett liegen.« Ich liebte sie sehr und kam so oft zu ihr, als es mir im Drang meiner vielfachen Geschäfte möglich war.

Ich hatte damals eine winzige messingene Kanone in meinem Besitz, in allem den alten Geschützen nachgebildet, von der hölzernen Lafette bis zum Zündloch in dem vielfältig gewulsteten Rohr und dem kugeligen Knauf am Ende. Ich nannte sie nach dem alten Stich im Kalender die Kleine Nachtigall; das Ding war tatsächlich so klein, dass es in meine Faust hineinpasste, und das glänzende Rohr war nicht länger als mein kleiner Finger. Nun, sie sollte auch singen, die Kleine Nachtigall; ich horchte, wo es nur anging, nach einer Gelegenheit, um ein Quantum Pulver zu erwerben, das nötige Geld fehlte mir keineswegs, etliches fiel an den Samstagen beim Wäscheaustragen immer an.

Es dauerte einige Zeit, bis ich erfuhr, wo man das Pulver kaufen konnte, und eines Mittags erstand ich in einer viel genannten Eisenhandlung die rote Papprolle. Sie ergab eine geräumige Schachtel voll schwarzer Pulverkörner; ich versteckte sie an einem trockenen, unauffindbaren Platz. Niemand wusste davon, nur Käthe erzählte ich das großartige Geheimnis, und sie verschwor sich, es bei Leib und Leben zu bewahren.

In dem alten Gartenhaus sollte sie erprobt werden, die Kleine Nachtigall. Ich lud sie von vorne mit dem magischen, schwarzen Zeug, propfte ein Papierkügelchen auf und bestreute die Mulde um das Zündlöchlein mit den Teufelskörnern. Es wurde, weiß Gott, ein schwerer Misserfolg. Das Zündholz zündete eine Feuerblase, groß wie ein sechspfündiges Brot, der sackleinene Vorhang vor der Fensteröffnung über dem Tisch brannte im Nu über und über; ich musste zugreifen und herunterreißen und ersticken. Die Kanone war weggeschleudert worden; aber vorher hatte sie auf eine ungemein tückische Art meinen Finger getroffen, und die Körner staken in der grau verbrannten Haut. Ich verbarg die Schachtel an ihrem Platz und verdrückte mich und strich den Mittag über auf der Gasse umher und kühlte den Finger an den Schaufensterscheiben. Am andern Tag brachte ich den Finger nebst der Mullbinde zu Kätha, und Kätha verband mir die Wunde, hernach beratschlagten wir ernsthaft, was zu tun sei. Sie riet mir weise, das Ding mit weniger als nichts zu laden, und so lud ich von nun an die Kanone mit weniger als nichts, und siehe da, die Kleine Nachtigall sang aufs Beste, sie sang nun Schlag auf Schlag, und Kätha ernannte mich zu ihrem prinzesslichen Geschützmeister, es war eine feierliche Zeremonie. »Wenn ich erlöst werde«, sagte sie und hielt mich an der Hand fest, »musst du Salut schießen. Ich habe es gelesen: Dreiunddreißig Schüsse sind es bei den Königinnen.«

Kätha sprach zu jener Zeit schon sehr leise, so dass ich mich über sie beugen musste, und ich wäre sicher daraufgekommen, wie es mit ihrem kleinen Herzen stand, wenn ich nicht auf eine abscheuliche Art abgelenkt worden wäre. Es gab in der Gasse einen gewissen Xaver Schnatt, einen um eine ganze Handbreite kleineren Bengel, der es darauf anlegte, meine Gepflogenheiten und Beschäftigungen auszuspionieren. Er lag mir nun unausgesetzt in den Ohren, ihm von meinem Pulvervorrat abzugeben – nur ein bisschen, nicht wahr, nur was in einen Fingerhut geht. Es ging mir darum, ihn loszuwerden, als ich ihm eine Prise gab, in einer halben Eierschale, die der Teufel handlich auf den Weg gelegt hatte.

Der Schnatt sauste strahlend ab. Nach einer Viertelstunde kam seine Mutter, aufgelöst und heulend. Ich kannte Schnatts Mutter gut genug, es war vorauszusehen, dass es ein großes Geschrei geben würde. Hernach, was wirklich schlimm war, weinte auch meine Großmutter über meine Schlechtigkeit. Der Schnatt hatte sich alle Haare, wer weiß wo, weggebrannt, und man wusste noch nichts Genaues über seine Augen. Ich fiel in ausweglose Trübsal. Zu allem Unheil hatte ich auch das Pulver in die Winde verstreuen müssen – es kann nicht geleugnet werden: Eine Schuhwichsschachtel voll hatte ich wegstibitzt, sie lag im Hühnerstall unter dem Neststroh. Dort sollte sie auch bleiben, das schwor ich mir; ein blinder Schnatt war mehr, als ich ertragen konnte. Ich verbrachte jene Tage in der Finsternis des schwarzen Gewissens, ohne nur zu ahnen, dass Kätha zu sterben begonnen hatte.

Eines Abends rief man mich hinauf. Sie standen um das Bett und weinten, und ich stand erschrocken hinter ihnen und sah nichts von dem, was auf dem Bett unerbittlich vor sich ging. Dann aber packte mich Käthas Mutter und schob mich nach vorn, und nun sah ich, was ich noch nicht gesehen hatte. Kätha lag regungslos mit geschlossenen Augen und atmete schnell durch den offenen Mund, auf ihrer schmalen Stirn glitzerte der Schweiß. Ihr Gesicht war kleiner und feiner geworden und hatte die Farbe von Elfenbein, nur die Lippen waren bläulich. Jähe Verzweiflung presste mir die Brust zusammen. Da schlug Kätha die Augen auf, sie sah noch einmal um sich, und dann sah sie mich an. Ihre Lider zuckten, und dann flüsterte sie. Ich neigte mich auf ihren Mund, und ich hörte, unendlich leise, was sie sagte: »Salut! Dreiunddreißig!«

Ich starrte sie an: Nun wusste ich es – es war die Stunde ihrer Erlösung, die Prinzessin kehrte heim in ihr Königreich. Ich sah noch, wie sich ihr Gesicht schmerzlich verzog, wie ihre Hände zuckten und ihr Körper unter der Decke von einer Zauberhand geschüttelt wurde, um die Hülle zu sprengen. Dann drückte ich mich durch den schluchzenden Kreis, um meines Amtes zu walten. Ich nahm eine Kerze aus meinen Vorräten, holte Geschütz und Pulver; im Gartenhaus öffnete ich das Fenster und begann. Schuss auf Schuss fuhr mit einem Feuerstrahl hinaus in die Nacht: Salut, Kätha, Salut! Salut, Königin, jung und schön, Salut! Salut, du Schloss im grünen Land, Salut, du offenes Tor! Salut auf Nimmerwiederkehr, Salut!

Dreiunddreißigmal schoss ich Salut. Hernach schlich ich mich in das unheimlich tote Haus und legte mich ins Bett. Ich war traurig, wie ich es nie zuvor gewesen war; aber ich weinte nicht. Die Königin war heimgekehrt, das war die Wahrheit.

Übrigens: Schnatt wurde nicht blind.

Das obere Königreich

Das Glockenlied, noch tief in der Nacht, das übermächtig bis an das Bett kommt und das Erwachen feierlich umsingt, der stumme Kirchweg in den Höhlungen des Nebels mit den schwimmenden Bällen der Gaslaternen oben:

Rorate!

Die knienden Schatten in den Bänken, hingeduckt, als träumten sie noch, unter der gewaltigen Dämmerung der Domgewölbe; die hellen Flecke der Gesichter, angestrahlt von den rötlich funkelnden Wachslichtern; die geborgte Flamme von der Kerze der Nachbarin; das eigene Licht, lautlose Tröstung voller Wärme für die klammen Hände, die geheimnisvoll erglühen, wenn sie die Flamme behutsam umfassen.

Du machst die Augen zu bis auf einen Spalt, und gleich wird jedes Flämmchen zu einem Kreis aus Feuer; aus der Mitte, wo es am feurigsten ist, schießen Strählchen wie Goldpfeile in das Dunkel. Weit vor dir aber und weit über dir erhebt sich der Altar aus Glanz, aus nichts sonst als aus lauter Glanz.

In deine Ohren fallen die Bässe der Orgel wie ein Regiment schwarzer Riesen; das helle Getön aber fliegt über die Köpfe wie lauter Vögel dahin, einer um den andern. Und dann steigt brausend der Gesang aus den Atemwölkchen.

Die Gasse ist eine niedere Gasse, und der Dom ist der Hohe Dom, nur erreichbar über eine vielstufige Treppe. Auf seinem hohen Platz fing er unsere Blicke ohne Mühe ein, gleichgültig, wo wir standen und um uns schauten – hoch über den uralten Wipfeln der Platanen und noch einmal so hoch über den Dächern unserer Gasse und dreimal so hoch über dem Bach segelte er dahin, die Wolken hinter sich lassend, ein ungeheuerliches, viermastiges, rotes Schiff. Er war angeblich aller Menschen Dom; uns aber gehörte er ganz und gar wie gekauft und bar bezahlt. Wir – voran der lange Frieder, der Sohn des Glöckners, des Inhabers eines schwierigen Amtes, und wir hinterdrein hatten uns in den Galerien eingenistet wie die Dohlen und krochen durch die Speicher und Gelasse wie das Gewürm durch die Balken. Wir sahen von oben her, durch die Gucklöcher der Zünftigen, das Gewimmel der Andacht auf dem steinernen Fußboden unten im mystisch verschatteten, kühlen Licht; wir sahen die Altäre unten im goldenen Kerzendunst und im Weihrauchgewölk; wir sahen, Auge in Auge, an den Wänden vor uns die Gewaltigen aus der versunkenen Welt der Schrift.

Unten, hinter den gähnend aufgetanen Mäulern der drei Portale, seitab in der Halle mit den stocksteif stehenden Kaisern, öffnete sich das Pförtlein nach oben. Drinnen war es dunkel und fremd wie in des Jonas biblischem Fisch. Der ganze Raum dort drehte sich im Finstern gewendelt nach oben, er führte nirgends hin als stracks hinauf und streifte nur eilig dann und wann an einem der schmalen, tief eingelassenen Fenster vorbei, und dort hing tröstlich ein glimmender Ball aus Licht in der dunklen Schräge. Das Fenster aber trug den schimmernden Ausblick in das Seitenschiff auf seiner gläsernen Haut: gigantische Säulen, das Rund der Gewölbe, die käferbeweglichen Kleckse der Kirchgänger unten.

Der Aufstieg endete in dem Kaisersaal, dort ist es hoch, kahl und menschenleer; der Riesenkreis der Rosette, vom Glanz des Tages beschienen, ist der vorderen Wand eingeprägt wie eine silberne Münze aus einer außermenschlichen Währung, und wer sie am Abend betrachtet, der sieht sie in der Verwandlung zu reinem Gold, zu einem Dukaten aus dem Thronschatz des Gottes, der über dieses Haus regiert!

Der Scheitel der gewölbten Decke trägt unsichtbar über sich die Last der Kuppel und der in ihrem achteckigen Gehäuse verborgenen Glocken. Damals hingen die Glockenseile von ihren Deckenlöchern bis zu den Steinplatten herunter, und bei Gelegenheit zogen wir daran und lockten kennerisch die großen erzenen Vögel oben aus ihrer Ruhe, vor dem Hochamt etwa, wenn der Sonntagmorgen festlich wurde, oder an den Vorabenden der Feiertage, wenn die Welt säuberlich aufgeräumt schien. Die Kaiserglocke, deren Hin- und Widerflug den Staub von den Kapitälen und Simsen donnernd herunterschüttelte, war mit zwei armdicken Stricken gefesselt; den einen hielt unweigerlich der Glöckner selber in seinen Fäusten, und grimmig überwältigte er die Schwere oben mit jedem Schwung seines massigen Leibes, indem seine Arme vom Haupt her zwischen die Knie hinab fuhren und sein Leib in dem dicken Scharniere seines Gesäßes zusammenklappte; den andern packten immer drei oder vier von uns, um dabei zu sein, wenn am Ende das Seil die Knabentraube übermannshoch mit hinauf riss, ein dutzend Mal und mehr, bis wir es schließlich gebändigt hatten.

Vor der Tür zum Kaisersaale war nur noch eine schmale Treppenspindel in den Turm gestellt, ein Korkenzieher in einem Flaschenhals, und zuoberst schwang sich eine hölzerne Stiege hinüber in die Glockenstube, durch das Schattengerüst mannsstarker Balken mit den dunklen Gestalten der metallberockten Schläferinnen. Die letzte Stufe hob den Fuß auf die Galerie der Kuppel, und nur noch der Kranz der Säulen trennte den nächsten Schritt von dem schreienden Dohlenschwarm, von der weichen Leere, die nach unten deutete, auf den Pflasterplatz in der Tiefe.

Über die Platanenwipfel hinweg besah ich mir damals gerne von oben, was ich alltäglich von unten her besah und genauestens kannte: das Geviert zwischen dem Bach und der bröckelnden Stadtmauer. Aus den finsteren Schläuchen der Flure, aus den schiefen Türen der Hinterhäuser quoll dort sommers die wild gewachsene, barfüßige Bande der Rotzjungen und Lausbuben hervor – ich kannte sie alle damals und schlug mich und vertrug mich mit ihnen; ich wusste, wo ihr Bett stand, mit Brüdern brüderlich geteilt, und wo ihr Platz beim Abendessen war, wenn der Hausvater hemdsärmelig die sauren Heringe mit geübtem Ruckzuck in ihre Hälften zerriss und jedem das Seine auf den Kartoffelsalat im Teller warf.

Da war, um eines zu nennen, auch unser Haus zu sehen, das Platanengrün verdeckte es halbwegs. Besser zu sehen war das Haus gassenüber, hinter dem Fenster im Giebel wohnte der Schuster Ziegelmann, ein guter Mann, mit Frau Ziegelmann und Tochter.

Annelie war zwei oder drei Jahre älter als ich; meist war sie mit ihren Freundinnen beschäftigt; aber hie und da geriet uns doch ein Spiel tagsüber. An den Winterabenden aber saß ich fast immer oben auf dem Schemel, Annelie neben mir, und das Zimmer hinter dem Giebelfenster umschloss uns warm. Annelies Vater hockte auf dem pechbeschmierten Dreibein, den niederen Werktisch vor sich, und klopfte und nähte und nagelte an den Schuhen der Nachbarschaft hinter der mild scheinenden, weißbeschirmten Öllampe. Er war ein heiterer Sinnierer, und was er, während sich seine

Hände lebendig bewegten, hurtig austüftelte, erzählte er behaglich – mir und Annelie. Es waren großartige, weitläufige Geschichten; ich entsinne mich eines Königssohns, der durch ein tristes Gartenhäuschen in diese wunderbar aufgetane Erde hinabstieg, zu unermesslichen Schwierigkeiten, zu mauskleinen Unterirdischen etwa oder zu baumlangen Gebückten – die Höhle war nicht hoch genug für sie, und ihr fürchterliches Haupt hing ihnen darum vorne an der Brust an einer eisernen Halskette. Ich entsinne mich: Am Ende entrann jedesmal der Held gestiefelt und gespornt seinen Widersachern; er ritt auf und davon und stracks in sein Schloss – und dies war nun der große Augenblick: Der Schuster schob den Schusterdaumen unter dem Schnauzbart in den Mund und rückte mit den Zähnen am harten Nagel auf und ab. Sogleich hörten wir das Ross über den Weg galoppieren, an den Hecken vorbei, unter den Bäumen dahin, hörten es dumpf und hohl über die Zugbrücke poltern, es ward langsamer im Hof und hielt vor der hohen, glänzenden Pforte. Der Held war angekommen, wir hatten es mit unseren Ohren gehört und wussten es nun so sicher wie nichts sonst auf der Welt, nun ging er schlafen

– und wir auch, Annelie hüben und ich drüben, auf dem Daumennagel ritten wir hopphopp hinüber zu dem dunklen Tor.

Ja, ich entsinne mich: Hans Obenhinauf wollte immer hinauf, es war ihm von einem Waldfräulein prophezeit worden, dass er ganz oben das Seine finden würde, das obere Königreich. Darum also bestieg er alles, was hoch hinaufging: den Schornstein des Hauses und den großen Birnbaum daneben; aber da fand er nichts. Er versuchte es von Neuem und immer wieder, er kletterte auf den Telegrafenmast und auf den Dachreiter der Klosterkirche, er stieg auf den Heidenturm, wo die Riesenfrau eingemauert schläft, er wurde ein geschickter und tollkühner Kletterer, er bezwang sogar die Platanen, die rings um den Dom stehen, und etliche Male hätte er fast den Tod gefunden; aber sonst fand er nichts. Zuletzt bestieg er den Dom; über die Wendeltreppe kam er in den langen Speicher, wo die Gewölbe auf den Mauern und Quergurten wie halbe Kugelberge hintereinandersitzen, eingestaubt vom Staub der hundert und aberhundert Jahre, und von den dicken, staubigen Balken kroch der Hans Obenhinauf durch die Gaube auf das Dach und häkelte sich am Blitzableiter bis zum First. Er war nun höher als die Platanen in der Runde und sah schon weit hinter den Dächern das Land mit dem Korn und dem grünen Klee. Er ritt den First entlang, Bein hüben, Bein drüben, bis zur hinteren Kuppel. Er war der beste Kletterer geworden, nicht schlechter als eine Spinne am Faden und eine Fliege an der Decke; er griff sich von Fuge zu Fuge, von Gesims zu Gesims hinauf auf die hintere Kuppel, und nun sah er den Wald ganz außen und den Strom, der sich hindurchwälzt. Er schwang sich, ein unvergleichlicher Kletterer, über die Kuppel hinüber zum roten Turm, der dort in der Ecke steht, und glitt hinauf, von Stockwerk zu Stockwerk, und über das glatte Dach bis hinauf zum Kreuz ganz oben. Er sah die Gebirge, sie waren das Alleräußerste – da hob sich das Land in dem großen Kreis, es hob sich mit dem Feld und dem Wald und dem Gebirge ganz außen zu ihm hinauf, immer höher, und am Ende musste er nur noch einen großen Schritt machen, hinüber in sein Königreich, das ihm ganz allein gehörte, und so ging er in den nächsten Stall und zog sich einen prächtigen Rappen heraus und ritt hinüber in das Gebirge, wo das Schloss auf dem Berg stand – hopp-hopp hinüber auf dem Daumennagel.

Damals also hatte ich mit Frieder Glockzwölfe geläutet, darnach hatte er mir mit der flachen Hand ins Genick gehauen: »Du hast die Letzte!« und war mit langen Sprüngen durch die Tür und die Wendeltreppe hinab verschwunden. Ich hörte ihn noch einmal weit unten: »Ho-ho-ho!«

Ich wartete; die drahtgeflochtene Tür zur Turmtreppe stand offen – ich hatte schon unten gesehen, dass die Dachdecker wieder auf dem Langhausdach herumkrochen. Ich ging hinauf, nicht hinunter. Die Speichertür ließ mich ungehindert ein, als hätte sie mein Wunsch aufgeriegelt. Die Kuppen der Gewölbe hockten grau und stumm unter dem Staub der hundert und aberhundert Jahre. Unter jeder dieser Kuppen – ich wusste es, und mir schauderte insgeheim, hing die Tiefe wie ein durchsichtiger, mit Helle angefüllter Sack weit hinunter in das mittlere Schiff. Das Balkenwerk, verknotet und verstrebt, hob sich über mich wie das Geäst eines riesigen, nächtigen Waldes.

Aber dann war eine Leiter an einem viereckigen Lichtfleck angelehnt, niemand bewachte sie, weder Mensch noch Engel. Ich stieg hinauf – sie führte nirgends hin als hinauf. Vor der Gaube lagen zwei

Bretter auf waagrechten Streben, daneben begann die Dachleiter, an Eisenhaken hängend, dem Dachschiefer aufgelegt wie ein Schorf der Haut. Ich stieg von den Brettern hinüber auf die Sprossen – von den Dachdeckern war keiner zu sehen. Sie hockten in einer Speicherecke und aßen Butterbrot und schwenkten es mit Kaffee den Hals hinunter, ich wusste es. Ich stieg die Dachleiter hinauf, sie führte nirgends hin als hinauf. Dann war ich oben; ich sah das Land ringsum hinter den Platanenwipfeln und den Dächern, das Land aus Feld und Wald und dem Gebirge ganz außen, es hob sich, es kam herauf – das obere Königreich drängte sich meinem Fuß entgegen, damit ich hinüberschritte.

Da rief es von unten, kurz vor dem Wunderbaren rief es, es rief wie immer vor der großen Vollendung. Es waren die Dachdecker, ich wusste es wohl.

Und ich sah es deutlich: Das Land fiel hinab, als habe es einer mit Fäusten hinuntergestoßen.

Auf der sommergrünen Bleiche

Es war winternachts; es ging der Sturm um das Haus und drückte auf den Fensterladen im Alkoven. Das Bett im Alkoven war leer, die Großmutter, die dort schlief, saß noch am langen Bügeltisch, und die Tante saß bei ihr, und bei den beiden saß die Besucherin. Vor meinem Bett, durch die Lücken im hölzernen Seitengatter, sah ich das große Umschlagtuch auf dem Stuhl liegen; es hatte goldene Fransen, und wer auf der Bleiche zu tun hatte, wusste seit jeher, wem es gehörte. Über dem Tisch sah ich die Flamme auf dem Docht der Hängelampe wie ein rotes Krönlein sitzen; die drei Frauen saßen in dem sanften Rund des Lampenscheines, und meine Großmutter redete und redete, und meine Tante und Malchen Winkler hörten zu.

Malchen Winkler, die Besucherin, war uralt, sicher so alt wie meine Großmutter. Ihr Haar war glatt gekämmt und hinten zu einem Nest zusammengewickelt, es war dünn und grau wie Staub. Der Mund war eingefallen, und hinter den Lippen waren keine Zähne zu sehen, wenn sie sprach. Ich kannte sie – immer hatte ich auf ihr Auge aufgepasst, weil es sich langsam von meinem Gesicht wegdrehte, während das andere still stand und mich anblickte.

»Malchen sollte über die Nacht dableiben«, sagte meine Großmutter.

»Ich bleibe noch ein bisschen«, sagte Malchen, »aber nachher gehe ich. Ich muss gehen.«

»Keinen Hund jagt man hinaus«, sagte meine Tante. Meine Großmutter seufzte und schüttelte missbilligend den Kopf mit den weißen Haaren, die sich in den vorderen Strähnen kräuselten und über deren Scheitel bei jeder Bewegung ein goldener Lampenblitz zuckte.

Aber da stand Malchen entschlossen auf, nahm das Umschlagtuch mit den goldenen Fransen und hob es über den Kopf.

»Ich muss jetzt gehen«, sagte sie. »Gute Nacht miteinander.«

»Dann schließ ihr die Tür auf!«, sagte meine Großmutter zu der Tante. »Schau dich um, ob sie durchkommt bei dem Wetter!«

Und so ging Malchen Winkler in die Nacht hinaus, und ich sah sie durch den Sturm dahingehen, wenn ich die Augen vor dem Lampenlicht schloss: klein, schief, mit dem weißgesprenkelten Tuch, zäh nach vorne strebend, durch die Gassen mit den toten Fenstern und den verwaschenen Gaslaternen, an den Eisenarmen hängend in *dem Kreis aus milchigem, undeutlichem Licht, und den langen Feldweg entlang bis zu der Bleichwiese.*

Ich entsinne mich der Bleiche nur unter dem weißblauen Himmel des Sommers, des langen und grünen Sommers. Meine Tante hatte dort wochenanfangs mit der Wäsche zu tun, und ihr Geschäft begann schon draußen am fließenden Wasser vor dem Kastaniendamm, der die Bleichwiese vom Stromgelände abtrennte. Ich vertrieb mir die Zeit, während das Schwenken und Drehen auf dem bretternen Floß unter Weibergeschnatter voranging, mit dem klaren, lebendigen Wasser am Rande, wo es über die Steinquader kindlich dahinspielte, kaum noch dem gefährlich wirbelnden Riesen weit draußen zugehörig. Es gab genug Spiele mit dem fingerkleinen, zutraulichen Wasser, so dass ich, die Hände und die Barfüße gebrauchend, niemals damit fertig wurde.

Über dem Damm, an dem schäbig dahinter hockenden Haus und dem schmalen Malven- und Sonnenblumengarten vorbei, erstreckte sich die grüne, sonnige Wiese mit den langgezogenen Reihen der Seilstangen, von dem Kiesweg in der Länge und von dem zwergenhaften Pumpbrunnen in der Breite halbiert. Das Wasser, das der Pumpenschwengel aus der Tiefe sog, floss in durchsichtigen Bächlein von ihm fort, und gefranste Fingerkräuterblätter nährten sich üppig davon.

Unweigerlich tauchte aus dem hölzernen Schuppen, kaum dass wir angelangt waren, der Winkler mit dem Pfeffer-und-Salz-Bart auf, eine Seilrolle in der Armbeuge, und schritt die Stangenreihe entlang, um das Wäscheseil zu spannen; er trottete stumpfsinnig und wortlos, während das Seil durch seine steif erhobene Rechte lief, in engem Kreis um den Pfosten, und das Seil schlang sich oben fest und wurde weitergetragen zur nächsten Stange. Um diese Arbeit beneidete ich den starrgesichtigen Winkler lange Zeit; ich hatte andere, langweiligere Pflichten; ich holte mir eine Gießkanne aus dem Schuppen, wo sie säuberlich, über armlange, schräge Zapfen gestülpt, nebeneinander hingen, und pumpte sie voll Kristallwasser aus dem kleinen Brunnen und begoss die ausgebreiteten Leinentücher. Das war ziemlich mühselig und beschwerlich; aber es gab dabei einiges Amüsante zu besehen: die kleinen grünen und braunen Heuhupfer samt dem übrigen

Gekrabbel und Gehüpf und hie und da auch eine junge Eidechse; meine Brause beregnete das Gesindel wie ein Ungewitter, und es wischte und zappelte und kroch voller Panik vom nassen Weiß ins trockene Gras zurück. Manchmal verdrückte ich mich auf eine Zeit in den Schuppen, wo ich unauffindbar im Kühlen untertauchte; dort an den bretternen Wänden, unter den großen Haken für die Kannen und die Seilrollen, waren Witzblätter aufgeklebt wie eine närrische Tapete, und so betrachtete ich immer wieder die lange bekannten Bilder und las die Zeilen darunter – manchmal, wenn ein Platzregen über die Wiese hereinbrach und alles, was an Weibervolk auf der Bleiche herumlief, sich mit den geretteten Körben unter das Dach flüchtete, las ich sie auch in Gesellschaft. Da war besonders eines, ein seitengroßes Bild; ich entsinne mich des Bildes und des Textes gut: Vor dem eckig uniformierten Stabsarzt stand, die Hinterfront zu uns gekehrt, ein weißhäutiger Rekrut – und die Zeile hieß: »Ich habe ein inneres Leiden, Herr Stabsarzt, ich habe Hämorrhoiden.« Wo war hier, um nebenbei zu fragen, der Witz? Es schien mir, dem Worte nach, eine schwierige und völlig abwegige Krankheit zu sein.

Ja, ich entsinne mich der Bleiche ziemlich genau.

Aber aufs Genaueste erinnere ich mich jenes Tages inmitten vieler guter Tage im Ablauf eines langen, grünen Sommers.

Ich sehe Kätha – ihr Herz war damals noch nicht zu klein – mitten in dem wilden Platze am Ende der Bleichwiese stehen, im weiß und blau gesprenkelten Gekräut, das ihr, fremdartig und unvertraut, bis an die seidenen Bänder der Zöpfe reichte. Sie winkte drängend, und behutsam tastete ich mich in dem Blumendickicht voran – der Schrecken lauerte unten, von Blättern und Stängeln verdeckt, und meine bloßen Füße waren ihm erbarmungslos ausgesetzt. Also stieg ich ängstlich durch die harten, feuchtkühlen Wirrnisse hinüber zu der Winkerin, und nun wisperte sie und wies mit dem Finger: Im grünen Schatten blinkte mit metallischem Glanze ein werweißwielanges Schuppentier, unbeweglich, gefährlich starrend, rötlich züngelnd aus dem gepanzerten Rachen. Der kalte Schauder schwoll mir bis in den Hals; ich fasste Kätha an der Hand und riss sie mit mir; wir flüchteten und hielten uns draußen aneinander fest, noch einmal entronnen.

Alois oder Das Leben zu zweien

Alois entstammte einer männerzeugenden Familie, die unweit von uns ein schmales, weit nach hinten gezogenes Haus bewohnte; ein schmaler, finsterer Flur dehnte sich dort endlos und mündete in einen mauerumstandenen Hof mit der Werkstatt zuhinterst. Der Vater war ein Schreiner, ein großer, unwirscher Mann, dem man es nicht ansah, dass unter seinen Händen die gassenberühmte Armbrust entstanden war, Aloisens Lieblingswaffe, aus einem Stück geschnitten, mit schön geschwungenem Kolben und einem wunderbar schlanken Schaft aus Eichenholz. Flur und Hof und Küche bevölkerte eine wilde Horde von jüngeren Brüdern, die nichts mit uns zu tun hatten, ihres verächtlich geringen Alters wegen, und die Mutter hatte sich, um zu bestehen, eine männlich raue Ruf- und Scheltstimme angewöhnt und eine schlagkräftige Hand.

Was mich betrifft: Ich kam – man weiß es – aus dem geduckten Haus neben der uralten, zweibogig gewölbten Brücke über den Bach, und was darinnen an Alkovenstuben und kleinen Küchen beiderseits des Ganges und oben, über der Treppe, untergebracht war, winkelig und verschoben, quoll über von Frauen – tagsüber wenigs-

tens, wenn ein halbes Dutzend Waschweiber und Bügelmädchen die Räume anfüllten. Die Erste und Beste war unbestritten meine Großmutter, barsch und tüchtig, leicht in die Breite gezogen und weich und rund, wo sie anzufassen war. Oben unter dem Dach herrschte – man weiß es – ihre Schwester, und beider Töchter liefen und schoben sich durcheinander – bis auf die jüngste, deren Herz auf einmal nicht mehr gewachsen und somit zu klein geworden war für diese Welt der gesunden und groß gewachsenen Herzen und dann auch dahin gegangen war, wo es besser und schöner war für sie.

Der Großvater von unten und der Onkel von oben waren lange tot, länger noch als meine Mutter. Großvater war, als wohlbestallter Brückenwärter auf der Pontonbrücke über den Strom – der Brückenzoll betrug, weiß Gott, drei Pfennige – bei einem Eisgang ins Wasser gefallen und unbegreiflicherweise wieder herausgekommen und, mit einem Eispanzer statt der blauen Montur, zu der Großmutter heimgekehrt, und er war nie mehr ganz aufgetaut und bald darnach auch gestorben. Er hinterließ seiner Witwe ein Witwengehalt, so klein als überhaupt möglich war, und Großmutter hatte also das Weibergeschäft angefangen, um sich und die Übrigen durchzubringen. Und somit, nachdem mein Vater aus-

wärts mit einer neuen Familie wohnte, wuchs ich mitten in dem weiblichen Dunstkreis auf, in der lauen Welt aus Warm und Weich und Rund, von vielen Armen umfangen, von vielen Händen getätschelt und geknufft und herausgeputzt und gegängelt, eingekreist vom Gerede und Gelächter, vom Geschimpfe und Geflenne, und dies war nun ich, der Freund vom Alois, und wenn er hart war, so war ich weich.

Die Nähe des Rheines war an seinem Geruch zu spüren, einer unbeschreibbaren Mischung aus Wasser und Kühle und Schlamm aus den Altwassern, aus dem kräftigen Würzduft der Fäulnis und des verborgenen, fremden Getiers. Die grüne Wiesenbreite war begrenzt von dem Weg neben dem Bachlauf und den Kastanien der Brückenallee. In der Mitte umhegte ein Lattenzaun den Fischergarten mit den weitgespannten Netzen und dem schwarzverwetterten Schuppen.

Hier also saß ich im feuchten, hohen Gras, und vor meinen Augen schwankte das Gitter der ähren- und kolbentragenden Halme; hier saß ich, um aufzupassen: Alois war drinnen, um im Schuppen eine Reuse zu holen. Wir brauchten die Reuse, um im Blutloch zu fischen. Ich ließ meine Augen in die Runde gehen; notfalls hatte ich auf zwei Fingern zu pfeifen. Alois blieb lange, er forderte wie immer das Verhängnis heraus, und ich versuchte probeweise meine Fertigkeit. Ich war ihrer nicht so sicher, wie er es war, der einfach Daumen und Zeigefinger zum Munde führte und sogleich loszulegen vermochte – ein herrlich gellendes Getriller.

Nein, ich musste mich nicht bewähren. Alois erschien und glitt flink durch das Gras bis zum Zaun und warf ein braunes Bündel in den Brennesselbusch herüber, dann schlenderte er durch das halboffene Lattentor und setzte sich neben mich.

»Was machen wir, bis es dunkel ist«, fragte er grübelnd, »bis wir sie holen können?«

»Auf die Hafenspitze?«, schlug ich vor, besorgt, nicht das Rechte zu treffen.

»Zuerst die Gelbrüben da vorne beim alten Datscher! Den Drahtzaun heben wir hoch. Ich habe Hunger«, sagte er lässig.

Unser Bach war brückenaufwärts ein altstädtischer Bach, von Scheunen und Hofmauern und groben Pflasterböschungen eingeengt. Bachabwärts aber – man weiß es – ging er in den Baumschatten und die grünen Wucherungen eines Urwaldes ein. Hier nun, auf der Höhe der Nachbarböschung, hinter Büschen und Bäumen versteckt, stand der alte Schlachthof; unter einem Dornenbusch mit roten, harten Mehlbeeren mündete die Dole mit ihrem halb ins Wasser gesteckten Eisenmaul; und das Blutwasser von oben, wo die Schweine schrien, hatte eine tiefe Mulde davor ausgewaschen, und dies war das Blutloch. Und hierhin brachten wir die Reuse und legten sie noch am Abend aus, und Alois versank dabei bis an den Gürtel und musste sich mit nassen Hosen dem dunklen Haus gassenüber ausliefern. Aber es focht ihn nicht an.

Es war eine Reuse aus Netzgeflecht, mit Drahtringen versteift, und somit war sie leicht zusammenzulegen und nicht weiter auffällig. Am nächsten Tag hoben wir sie vorsichtig und holten drei Rotaugen von Handgröße heraus; wir verkauften sie dem Viehtreiber Eustachius, der aus seinem verdreckten Kittelsack eine Handvoll ausgelaugter Kautabaksblätter herauskramte und einen Groschen und einen Fünfer darin fand. Dafür erstanden wir uns bei der Süßbolden zwei Angelhaken und eine Stange Lakritz, die genau so schmeckte, wie unsere Hände rochen, nach Rotauge nämlich.

Es war nicht vorauszusehen, was sich bald als hinderlich erwies: Der Rhein wuchs unversehens an, und der Bach staute sich und schwoll, wenn auch nicht rascher, als im Sommer zu erwarten war. Er stieg immerhin so viel, dass Alois sich hinter den Büschen ausziehen und nackend durchs Wasser waten musste, wenn er nach der Reuse sehen wollte. Er verschwand im Blutloch unter Wasser und tauchte prustend wieder auf und klatschte mit der Rechten an den Kopf, weil ihm das Wasser im Ohr saß; aber mit der Linken hielt er die Reuse und kam mit ihr herüber ans Ufer, wo ich die Beute in einem Säckchen verwahrte. Das ging über eine ganze Woche fort, und wir wurden zusehends wohlhabend.

Das Wasser stieg derweil, unmerklich zwar, aber unaufhaltsam, und schließlich überrumpelte es uns vom Samstag zum Montag, als wir es um unserer Sonntagskleider willen aus den Augen lassen mussten. Es hob sich, unbeobachtet, wie es war, um mehr als Manneslänge hoch bis über die unteren Äste der Uferbäume, breit, stillstehend, Stromgerüche dünstend. Die Reuse war unerreichbar geworden; aber jedenfalls lag sie gut in ihrem Loch, sie bekümmerte uns weiter nicht. Einmal fiel das Wasser wieder, wir hatten unsere Erfahrungen. Wir nützten die Gelegenheit: Wir befuhren inzwischen den stillen, undurchsichtig grünbraunen Bach mit unseren Booten, zwei schweren Kisten, die wir »Wassermann« und »Nixe« getauft hatten. Wir ruderten langsam durch den fremdgewordenen Bach, hintereinander wie abenteuernde Fregatten, wir umrundeten die Vorgebirge der eingetauchten Baumkronen an der Stelle, wo sonst die Vögel sie umflogen. Dann ruhten wir wieder, um sanft zu treiben, die Sonne lag rings um uns wie eine dünne Silberkruste auf dem Wasser, das die Bäume dunkler spiegelnd aufgenommen hatte, den blauen Himmel zuunterst. Hin und wieder landeten wir an den verwandelten Küsten und rauchten, im Gras liegend, einen dürren Hopfenstengel – wir waren die einzelnen, die das Wagnis gewagt hatten, und wir waren dessen zufrieden.

Eines Mittags begegnete ich dem Fischer Brecht mit dem dicken Bauch und den Glotzaugen; ich irrte mich nicht: Er starrte mich drohend an und verhielt den Schritt. Ich machte, unter allen Ängsten, dass ich davonkam. Er wusste es, er wusste, dass wir seine Reuse genommen hatten. Ich verkroch mich in den Ästen des alten Hollerbaumes, unserer ersten und letzten Zuflucht, und auf den krummen Astsitzen vertraute ich mich dem unberührt nachgekommen Alois an. Er blieb gelassen, was auch sonst?

»Wir müssen die Reuse hintragen«, sagte ich aufgeregt. »Wenn er uns anzeigt ...«

»Er weiß nichts«, stellte Alois fest. »Du spinnst!« »Aber sicher, der weiß es«, widersprach ich. »Wenn bloß das Wasser hinunterginge! Jetzt kann sie keiner herausholen.«

»Du kannst sie nicht holen«, sagte Alois. »Aber ich kann sie holen, wenn ich will.«

»Du nicht und keiner!«, sagte ich böse.

Er sah mich überlegen an: »Es gibt gar nichts, was ich nicht kann. Ich hole sie, jetzt gleich.«

Hinter den Büschen zog er sich aus, so rasch, als eile es ihm plötzlich; er lief, die goldbraunen Arme wie immer vor der Brust verschränkt und die Hände in den warmen Achselhöhlen geborgen, den grasigen Hang hinab, die Arme nunmehr ausgebreitet, ungestüm ins aufspritzende Wasser und schwamm und tauchte im Blutloch, seine Füße wurden zuletzt noch sichtbar und versanken.

Ich stand am Ufer und wartete. Ich zweifelte nicht

einen Augenblick, dass Alois hinunterkäme.

Er tauchte auf, prustete laut und schlug um sich; dann klatschte er, wassertretend, die rechte Hand an seinen Kopf. Es war ihm Wasser ins Ohr gekommen. Er hielt inne, als das Ohr leer war, und tat eine Weile nichts weiter; plötzlich aber hob er sich hoch aus dem Wasser und ließ sich nach vorn hinunterkippen. Ich war wieder allein in der sichtbaren Welt. Er war unten, unter ihr.

Ich wartete. Einmal schien mir, als streife sein Arm goldbraun unter der Oberfläche hin, und Blasen stiegen auf. Es dauerte lange, und ich wurde ungeduldig. Es war nicht leicht hinabzukommen, warum ließ er es nicht bleiben? Ich wartete.

Ich wartete – mir wurde übel vor jäher Angst. Ich wusste es nun: Es war das Ende. Das kühne Leben der einzelnen, die das Wagnis gewagt hatten, die Bootsfahrten zu zweit, die langen Gänge zu zweien, das wunderbare Leben zu zweit – alles war vorbei, es war das Ende. Ich musste mich setzen, weil meine Knie weich wurden, als hätte ich keine Knochen unter der Haut.

Ich wusste es: Es war längst an der Zeit, sich eilig durch die Hecken zu drücken, über die Gasse zu rennen bis in den langen, finsteren Flur, und dort zu schreien – einfach zu schreien: »Alois, Alois!«. Dann würden sie kommen, der Schreiner, die Mutter, das kleine Gewusel, sie würden kommen und hinter mir her sein bis ans Blutloch, und dann würden sie mich hernehmen: für die Reuse, für die Fahrten mit dem Boot, für die langen Gänge, für das wunderbare Leben zu zweien. Mich würden sie hernehmen – Alois war unten, und keiner konnte ihm etwas antun.

Aber da kam er, kam von unten – mein Herz rührte sich innen, als hüpfe es gewaltsam trotz der dicken Adern, die es an seinen Platz fesselten. Sein Gesicht war blau wie bei einem, der zu lange unten gewesen ist; er riss das Maul auf wie die Rotaugen, wenn sie die dünne Luft trinken statt des dicken, guten Wassers; er war da, aus der Tiefe zurückgekommen, und schlug sich mit der Rechten an das Ohr. Er schob sich langsam auf dem Rücken herüber zu mir; er streckte mir die Hand entgegen, und ich half ihm ans Land. Ich schüttelte ihn ein bisschen, als er neben mir stand, krumm und schlapp wie einer, der sein Rückgrat verloren hat; aber er sagte kein Wort. Er kroch in das Hemd und in die

Hose, langsam, als schlafe er schon. Ich war zornig wie eine Hornisse: »Du mit deinen Sprüchen!«, schrie ich ihn an. Er sagte kein Wort; er machte sich davon, ohne sich umzusehen.

Es wurde eine wüste, leere Zeit. Mein Zorn hielt sich einen ganzen langen Tag, noch einmal einen und dann noch den nächsten, längsten Tag. Dann holte ich Alois herüber.

Wir fuhren an die unbekannten, fremden Küsten, hintereinander wie abenteuernde Fregatten, meine »Nixe« voraus, Aloisens »Wassermann« hinterher. Warum sollte ich nicht auch einmal vorausfahren? Ich trug mich sogar mit dem großen Plan, Aloisens berühmte Armbrust zu entleihen.

Er lieh sie mir, von Montag bis Freitag überließ er sie mir. Die ganze Gasse beneidete mich – die wunderbare Zeit zu zweien war nicht zu Ende, das war die Wahrheit.

Nur von der Reuse redete niemand mehr. Wir sprachen nicht einmal von ihr, wenn wir wellenwerfend über das Blutloch fuhren, Alois voraus und ich unverdrossen hinterher in seinem Kielwasser. Ich war ich und Alois war Alois geblieben, das war die Wahrheit.

Als das Wasser gefallen war, holte ich die Reuse

aus dem Blutloch, und am dunklen Abend warf ich sie dem Fischer Brecht über das Hoftor.

Narrengrüße

Neben dem Laden der Süßbolden drückte sich ein schmaler, offener Hof zwischen die Häuser, und zu diesem Hof gehörten mehr Kinder, als die Süßbolden Sommersprossen im Gesicht hatte, und das waren mehr, als einer auf einen Blick zählen konnte. Durch die hinterste Tür ging es zu der Erdlen hinein, und wer dort hineinging zu der Erdlen, der sah, dass sie alt und elend war mit ihren grauen Zotteln und der winzigen Haarzwiebel darüber und dem zahnlosen Mundwerk. Was sie nur hatte – an gutem Willen, an Gesundheit, an Geld, an allem und jedem –, das hatte sie ihren Söhnen weitergegeben, dem Eugen – der war schon ein Mann –, dem Karl – der wollte einer werden –, dem Emil – der hatte es noch mit mir und den andern, und was sein Alter anbelangte: er war einen halben Kopf kleiner als ich.

Am Fastnachtdienstag verwandelte ich mich in einen stummen, unbekannten und namenlosen Narren und wurde draußen in die umgetriebene Horde gleicher Narren aufgenommen. Unsere wüstgesichtige Rotte verständigte sich nur noch durch jähe Schälle aus buntgelackten Blechtrompeten; jede

Maske, mit Vorbedacht ausgesucht, zeigte darum ein irgendwie offenstehendes Maul, um das hölzerne Mundstück einzulassen. Unsere rechte Hand war durch die Narrenpritsche verlängert; wir maßen sie jedem an, der nicht zu uns gehörte.

Damals hatte ich mich für den Augenblick von der Horde getrennt und lief nun eilig über den Hof, wo der harte Schnee noch längs der Mauer lag und der Wagen für die sommerliche Fahrt zur Bleiche in dem kleinen Schuppen schlief, und durch die Ausfahrt auf die Gasse zurück – aber da war nun keiner mehr, und ein Narr für sich allein taugt zu nichts Närrischem, das ist die Wahrheit. Ich strich bis zu dem Laden der Süßbolden; aber da war ebensowenig einer, nicht im Laden und nicht im Hof daneben, nicht einmal eins der Mädchen, von denen es hier einen ganzen Sack voll gab. Ich horchte, ob nicht einer irgendwo blase; aber ich hörte nichts dergleichen – nur die alte Erdlen hinten im Hof rief nach ihrem Karl. Sie rief, wenn ich es mir überlegte, in einer verrückten Weise, als sei sie übergeschnappt und schreie nun jammervoll und schrill nach ihrem Karl. Ich zwängte mich, von der Neugier getrieben, durch den Spalt in der Tür und spähte vorsichtig nach der Schreierin.

Die alte Erdlen stand am Tisch vor dem Kanapee und hielt die Hände an die Schläfen gepresst. Auf dem Tisch lag eine Narrenkappe und eine Halblarve; auf dem Kanapee aber lag ein stummer Bruder Narr, die Augen geschlossen und das Gesicht so weiß wie das Häkeldeckchen an der Lehne. Der Mund der alten Erdlen stand offen, und daraus quoll es langgezogen: »Karl, Karl, Karl ... « in einem fort, aber der Narr auf dem Kanapee rührte sich nicht. Sie bückte sich plötzlich und fasste das buntscheckige Bein, das über den Sammetrand herunterhing, und legte es neben das andere buntgescheckte; es fiel sogleich wieder herunter, und der Schuh prallte hart auf den Boden. Da nahm sie es und hielt es fest, während sie immer noch, schrill und verrückt, den Namen rief und rief. Verstohlen schlich ich mich näher, stellte mich neben die Erdlen und besah mir den Karl – ich kannte ihn so gut wie meinen Daumen. Auf dem Narrengewand, auf dem goldgelben Tuch mit den schwarzen Schweinchen, Karnickeln und Gänsen, an der Stelle, wo eine Tasche mit schwarzem Rand aufgenäht war, genau in der Mitte der Brust, war ein feuchter, runder, roter Fleck.

Als hätte sie einer gerufen, erschienen sie nunmehr, die stummen, bunten Gassenbrüder. Einer um den andern drückten sie sich durch die Tür, horchten auf das Geschrei der Erdlen, betrachteten den rotfleckigen Schläfer und blieben stumm am Tische stehen. Wir vermehrten uns, sozusagen, ein Wurf scheckiger Kobolde mit satanischen, hexischen, idiotischen und bösen Gesichtern, von der Gasse hereingesetzt in die kleinfenstrige, laue Stube voller Narren – sogar die alte Erdlen trug eine Larve, wie es schien, eine Maske mit einem Karpfenmaul, und am dürren Leib eine schäbige Narrenschürze.

Ich besah mir die Fotografien auf dem braun gebeizten Aufsatz über der Kanapeelehne, den durchgebrannten Erdlen mit einer Maske aus aufgerissenen Augen und dickem Schnurrbart – er war mit einem Zirkus abgehauen, weil er ein Pferdenarr war; aber das Pferd hatte zwei Zöpfe und ein Glitzerkostüm, jeder wusste es –, die Erdlen selber, als junge Frau verkleidet, einen Kranz auf künstlichen Locken, im weißen Schleier – es war lächerlich zu glauben, die Erdlen sei jemals jung gewesen –, und dann die Jungen, klein noch und bravgesichtig, als behoste Engel maskiert. Dazwischen sah ich immer wieder hinab auf das weiße Gesicht, das sich nicht rührte und regte, und auf den roten Flecken, der langsam röter und größer wurde.

Da geschah etwas und fegte uns in die hinterste Ecke der Stube: Ein großer Narr stampfte herein, warf Mütze und Larve zu den andern auf dem Tisch und stupste die Erdlen in die Seite – augenblicklich verstummte sie. Es war das harte Mannsgesicht des Ältesten, das zum Vorschein gekommen war, vom Zorn entstellt, als hätte sich die abgeworfene Larve in die Züge eingeprägt.

»Ich hab's ihm gesagt: Bleib weg, hab ich gesagt, du bist nicht der Einzige, hab ich gesagt, sie hat noch andere, hab ich gesagt, sie hat den Drexler, den windigen, und der ist von keiner guten Sorte. Ich sag ihm, sie ist eine Schneppe, aber nein, er trifft sich mit ihr auf dem Eselsdamm, und jetzt hat ihn einer fertig gemacht, und jetzt liegt er da und hat ein Loch im Pansen. Aber das sag ich, ich werd's dem Drexler heimzahlen, dem windigen, wenn er auch meint, es kennt ihn keiner unter dem Narrenkram und es geht ihm alles durch, was er anstellt. Ich brauch ihn gar nicht erst zu kennen, den Drexler, den windigen, das sag ich.«

Er beugte sich über den Narren Karl, der Narr Eugen: »Was machen wir bloß mit dem Trottel, Mutter?« Die alte Erdlen schwieg und hielt das Bein, damit der Schuh nicht auf den Boden knalle. Dann fiel dem Eugen ein, was zu tun war: »Ich hol den Buwel, der kennt sich aus.«

Er fuhr aus der Stube wie der Leibhaftige – und wir verdrückten uns. Wir kannten den Buwel, den Bauer, dessen Haus und Hof und Stall und Scheuer um die Ecke lag, hinter einer breiten Einfahrt und einem ewig verschlossenen Tor; wir kannten sein Gesicht mit der Maske aus Grimm und Gram, die langen Arme, die alles vor ihm wegwischten, und die großen Füße, die alles unter ihm zertrampelten. Wir verdrückten uns, ungesehen und ungehört von der Erdlen und dem stillen Schläfer auf dem Kanapee, und sammelten uns draußen im Hof und warteten.

Der Buwel kam und ging vorüber, ohne uns zu beachten; wir rührten keine Hand; aber als er in der Tür verschwand, bliesen wir einen ohrenzerreißenden Tusch. Eugen Erdlen, der hinter ihm herging, drehte sich herum und drohte uns mit der Faust.

Er erschien gleich darauf wieder, diesmal ohne

den Narrenfrack, er rannte an uns vorbei, und wir bliesen einen Tusch hinter ihm her. Wir bliesen dem Doktor Baer zur Ankunft, als er von seinem stinkenden Motorrad stieg. Wir bliesen dem Polizeidiener Müller aus der Stuhlbrudergasse zum Empfang, aber nur leise und wenig; er war in eine Uniform verkleidet – und wir liebten ihn nicht.

Inzwischen war Eugen, immer unterwegs, ruckzuck durch Buwels Hoftor verschwunden, und alsbald tat es sich voneinander, und der Heuwagen fuhr zweispännig hindurch, und auf dem Wagenbrett saßen der Ede Buwel und der Eugen, und der Ede fuhr im Trab in den Hof und brachte es fertig, vor der Haustür der Erdlen umzuwenden. Wir bliesen einen lange anhaltenden Tusch, während der Eugen im Haus verschwand.

Darauf kam ein närrischer Zug durch die Tür: Voraus der Polizeidiener Müller, er hatte seine Hände hinter sich an dem grünsamtenen Kanapee, dann kam das Kanapee mit dem Narren Karl, und hinterher, die Hände vor sich am Kanapee, kam der Bruder Eugen. Weiß Gott, sie hoben das Kanapee auf den Leiterwagen, sogar der Doktor Baer legte Hand an, ehe er abfuhr und das Motorrad herrlich knattern ließ, lauter als ein Tusch aus aberhundert Blechtrompeten.

Karl, weißgesichtig, mit einer Decke bis zum Hals, lag mit offenen Augen auf dem Kanapee und weinte – er weinte. Wir erstarrten auf unserem Platz; aber als der Leiterwagen anfuhr, hoben wir feierlich die Trompeten in die bärtigen, zahnlückigen, breitgezogenen Larvenmäuler und bliesen ihm den Narrengruß – einen Narrengruß dem weinenden Narren Karl! Wir bliesen inbrünstig und übersahen deswegen den Bauern Buwel. Er ging mitten durch uns hindurch, als seien wir nicht mehr als ein paar Schatten auf dem Pflaster, mit seinen langen Armen wischte er uns gleichgültig aus dem Wege. Wir sahen ihm nach; aber diesmal bliesen wir nicht. Buwel war kein Narr, der eines Grußes würdig gewesen wäre.

Die Reise nach Straßburg

Vom Bachviertel sind es zwei Schritte bis zum Hafen. Es ist ein kleiner Hafen; aber er hat alles: Kaimauern, Kräne, rangierende Loks, schnapstrinkende, fluchende Männer, grölend heimkehrende Matrosen. Und Schiffe selbstverständlich.

Sommers schwammen wir zwischen ihnen wie kleine, weißhäutige Seehunde, wir hievten einander auf die Steuerruder, hangelten wie Affen an den zum Land gespannten Tauen – dabei fiel, um es zu sagen, der gute Eugen Grasmann herunter und kam für acht Tage ins Spital.

Im Hafen lag immer wieder einmal die »Amei«; der Name stand am Bug, er war aus Gold und glänzte wie das ganze große, sauber geschrubbte und gestrichene Schiff: die »Amei« war das Schiff aller Schiffe. Ein paarmal schon hatte mich der Schiffer auf die wunderbare »Amei« mitgenommen; er hieß Michael Pyper und war der beste Schiffer auf dem großen, langen Wasser. Er wohnte in der Hafengasse, gleich neben dem Schiff, damit er es nicht weit habe. Ich kam, wenn es sich fügte, auch zu den Pypers in der Hafengasse. Es gab eine alte Freundschaft zwischen den Pypers und uns, der Pyper senior war der Freund unseres Großvaters gewesen – der Halbnasse, der Brückenwärter, war tot, und der Ganznasse, der Schiffer, lebte noch. Es ergab sich fast von selbst, dass mich der Michael auf große Reise mitnahm, und meine Tante Anna brachte mich am Abend vorher an Bord.

Ich muss gestehen: Es war mir flau zumute – ich hatte den Hafen niemals in der grauen Dämmerung gesehen. Am Kai hockten die dunklen Waggons auf einem Nest aus Dunkelheit; die Schuppen dahinter mit den langen Zäunen schlossen etwas ein und verbargen etwas, und jederzeit konnte es ausbrechen und über alles herfallen, was wehrlos in der Nähe herumkroch, und die Kräne griffen mit ihren Gitterhälsen in den fahlen Himmel, als sei dort oben etwas abzufangen, was ungesehen über dem Wasser hin und her flog.

Unten lagen die Schiffe hintereinander und nebeneinander, und ihre Decksbauten – Steuerstühle, Schifferwohnungen und Matrosenlogis, wie Michael sie nannte – sahen aus wie eine Gespensterstadt. Unten lag die »Amei«, hoch und breit und lang, ein wahrhaftiges Schiff. Wir kletterten eine halsbrecherische Treppe in der Kaimauer hinunter und schubsten uns gegenseitig über ein schmales Brett zum Gangbord der »Amei«

hinüber – ganz unten lauerte das schwarze Wasser auf uns.

Ich lag im Bett – neben dem Bett des Michael Pyper.

Tante Anna hatte mir schon längst ins Ohr gesagt, der Michael habe eine Braut in Straßburg. Ich lag, wie ich mir denken konnte, in dem Bett, das einmal dem Straßburger Mädchen gehören würde, und es lag sich gut darin.

Auf den drei Sesseln um den Fenstertisch saßen die andern: der Schiffer, die Tante und der Herr Burdan, dem die »Amei« gehörte – jeder wusste es: Er hatte soviel Schiffe als Finger an seinen Händen. Er war vorbeigekommen, um nachzusehen, wie er sagte, und er hatte mir einen Klaps auf die Nase gegeben: »Ich höre, du bist der neue Matrose, mein Sohn. Der Nasenstüber ist eine Zeremonie, man könnte ihn den Matrosenstups nennen. Der Ritterschlag früher ist etwas Ähnliches gewesen.« Wenn er nachgesehen hatte, würde er wieder heimkehren in sein Rotes Schloss mit dem kleinen Wald rund herum – wir kannten es alle. Vorerst aber saß er da, nicht anders als die Tante und der Schiffer, er schenkte Wein in die drei Gläser aus Michaels Schränkchen – er hatte die Flasche mitgebracht. Den Kutscher habe er im »Goldenen Hecht« abgeladen, sagte er, Kutscher würden leicht verdursten.

Unterm Trinken redete der Herr Burdan von den Pypers. Die Pypers seien des Erwähnens wert. Ein Stamm von Schiffern, ein Stamm von Fischern. Sie säßen den ganzen Rheinstrom entlang, zu Berg und zu Tal, und immer am Wasser. Ein nasser Menschenschlag, die Pypers. Schon der Name beweise es: Pyper komme von Biber, von dem Namen des baumstammzerbeißenden, flussdurchschweifenden, breitschwänzig schwimmenden Wassergetiers, ein lustiger Name, wenn man wolle. Und das Nest dieses Pypervolkes stecke in der Hafengasse, dort würden sie geheckt: Schiffer, Schiffer, Schiffer! Und dann blieben sie an allen Plätzen hängen, wo es nass genug sei. Dieser Michael sei auch einer von ihnen, und er müsse, falls er nicht schwindle, die Wahrheit dieser Auslassungen bestätigen.

»Ja, ja«, sagte Michael, »ich bestätige, ich bestätige.« Er lachte ein bisschen. »Ich bestätige, dass ich in der Hafengasse aufgewachsen bin, und dass der alte Pyper ein Schiffer war – was sonst? Er kam dann und wann nach Hause, dann gingen Vater und Mutter, festtäglich gekleidet, abends in die Stadt. Nicht weit, nur bis zum ›Halben Mond‹. Dort traf sich, was schiffig war; es gab dort ein elektrisches Klavier und scharf gewürzten Schwartenmagen. Meist aber war Mutter allein mit uns, einer ganzen Brut von Pypern, in deren Adern die Erinnerung an den Tanz ums Klavier und an die Schärfe des Schwartenmagens kreisten. Ich war der Jüngste, und mich schickten sie aufs Gymnasium. Weiß der und jener – ich kam trotzdem nicht weiter als der alte Pyper; die Hafengasse muss mich verdorben haben.«

Sie sprachen auch ein bisschen von der schönen, süßen Amei, die so jung gestorben ist, an der Schwindsucht gestorben ist. Burdan hat seinem schönsten Schiff den Namen »Amei« gegeben, zum ewigen Andenken, wie er sagte. Burdan sagte noch mehr: »Die Matrosen glauben, Amei habe eine Zuflucht auf dem Schiff. Die Matrosen glauben, alle Jungverstorbenen klammern sich an das Irdische.« Burdan lächelte wehmütig. »Die Matrosen glauben, alle süßen, jungen Frauen, die nicht sterben wollten, gehen dort um, wo ihre Namen noch nicht vergessen sind.«

Tante Anna lächelte wie Herr Burdan: »Matrosen! Vielleicht sucht sie sich den marmornen Grabstein aus, wenn dort ihr Name unvergänglich eingegraben ist: ›Amalia Burdan‹? Was meint der Schiffer, unser junger Pyper, dazu?«

Auch Michael lächelte: »Kein Hauch auf meinem Schiff! Kein Hauch von Außerirdischem!«

»Unser Freund hört mit!«, sagte Burdan und sah zu mir her. Mir war vor Ameis schweifender Seele längst schon unbehaglich geworden. Das Bett einer jungen Braut – warum sollte Amei die kalten Marmorplatten ihres Grabdenkmals, und seien sie noch so weitläufig, dem weichen Mädchenbett vorziehen? Ich schlüpfte vorsorglich tiefer unter die Decke. Eins war sicher: Für mich, wäre ich Amei mit ihrer Sehnsucht, im Irdischen eine Niststätte wie ein Vögelchen zu haben, also für mich gäbe es nichts anderes als das Schiff! Ein Schiff ist viel mehr als alles, was auf der festen Erde steht, mehr noch als das Rote Schloss des Herrn Burdan. Ich schob die Decke bis ans Kinn.

»Er hat wahrhaftig Angst vor Amei«, spottete Tante Anna und winkte ein wenig verächtlich mit der Hand. »Michael hat einen Schlüssel, er wird zuschließen, wenn du es haben willst.« Und Michael nickte mir zu: »Unsinn! Amei ist seit dreißig Jahren tot, Zeit genug, um den Weg nach oben zu finden.« Sie machten sich's leicht. Sie wussten genau, dass dreißig Jahre für Ameis Seele nicht mehr waren als ein Atemholen. Und verschlossene Türen? Eine alte Weisheit: Seelen gehen wie Träume durch Mauern, keiner kann sie aufhalten.

Burdan stand auf, um zu gehen; er wandte sich zu meinem Bett: »Guter Junge!« Michael ging mit ihm. Es war ein schmales Brett, und unten lauerte das schwarze Wasser.

»Glückspilz!«, sagte Tante Anna und lächelte. »Ich gäb was drum, läg ich an deinem Platz.« Sie lächelte wehmütig. »Denk doch mal nach: Du bist auf einem Schiff, unten, unter den Füßen, ist mit einem Mal kein fester Grund mehr, unten schwimmen Fische, und wenn sie mit ihren Flossen den Kiel berühren, erzittert leise das Schiff. Natürlich: Michael spürt nichts davon, Michael spürt nie, was er spüren sollte. Wie sollte er dann Amei spüren, deren Hand leichter ist, hundert Mal leichter ist als eine Flosse.« Tante Anna lächelte wehmütig.

Michael kam inzwischen zurück und setzte sich

neben die Tante. Ich lag warm unter der Decke
– ich hörte nichts, die beiden flüsterten leise oder
schwiegen. Ich dachte Nachtgedanken: Spukt Amei
auf dem Schiff, das ihren Namen trägt? Amei, die
schöne, junge Schwindsüchtige? Sind Matrosen
abergläubisch – oder hören und sehen und spüren
sie mehr als die andern, Matrosen, die auf Schiffen
leben, keinen festen Grund unter den Füßen? Spüren sie, wenn ein Fisch den Kiel mit seinen Flossen
berührt? Spüre ich's? Wenn ich ganz ruhig liege
– spüre ich Ameis Hand, hundert Mal leichter als
eine Flosse?

Amei kam nicht in dieser Nacht, nicht einmal im
Traum – sie streichelte mich nicht mit ihrer Hand,
hundert Mal leichter als die Flosse eines Fisches.
Ich schlief sanft und gut im Bett der Straßburger
Braut, ich verschlief Michaels Bettnachbarschaft, die
ich gerne wachend genossen hätte, ich verschlief
die Heimkehr des Matrosen Schambattist von seinem Landgang, ich verschlief die Ausfahrt aus dem
Hafen im Schlepp der Wanze, des Einschloters, des
Mannheimer Hüpfers, wie Michael sich ausdrückte,
später, als ich mir den Schlaf aus den Augen und
den Ohren geschüttelt hatte.

Schambattist hatte mich geweckt, als er in der Küche mit der Kaffeekanne hantierte. Ich ging ihm zur Hand, nachdem ich mich für den Tag hergerichtet hatte, und er freundete sich mit mir an, obwohl er schon ziemlich alt war, älter als Michael – »vierzig«, sagte er, »und wer's nicht glaubt, der irrt sich.« Ich fragte ihn, ob er abergläubisch sei; aber er lachte nur, und da brachte ich es nicht über mich, ihn nach Amei zu fragen – Amei lässt sich nicht mit Gelächter abtun. Auch als Michael vom Steuerstuhl herunterkam, von Schambattist abgelöst, hielt ich meinen vorwitzigen Mund – kein Hauch, hätte er gesagt, kein Hauch von der außerirdischen Amei.

So fragte ich, um etwas zu sagen, nach dem nassen Volk der Pyper, und er lachte über mich, wie Schambattist über mich gelacht hatte. »Ich werde dir unterwegs zeigen, wo sie sitzen, die nassen Pyper, wenn du mir oben hilfst – du wirst mir doch helfen?« Wer hülfe nicht meinem Freund Michael, wenn er darum bittet?

Der Steuerstuhl war die eine Hälfte der wunderbaren Welt; vor den Rundfenstern gab es die andere: den Sommer über dem Land mit seiner blauen Glocke oben und dem goldenen Schwengel darin, den bewegten, wechselnden Glanz des Wassers ringsum, die grünen Bänder der Ufer, und dann die Schiffe: die schwarz qualmenden Zweischloter mit den beiden Wirbelrädern an den Flanken, die auf die »Amei« losfuhren wie der Hecht auf den Schneider. Der kleine Schlepper vor der »Amei«, den Schraubenquirl unterm Hinterteil, stieß unbekümmert an den wellenschleudernden Ungetümen vorbei, und Michael steuerte sein Schiff gelassen hinterher, ohne die Anhängsel, vier oder fünf, aus dem Qualmgewölk auftauchend und eilig vorüberziehend, auch nur zu beachten. Michael war der beste Schiffer, ungelogen.

»Ich möchte ein Matrose werden«, sagte ich inbrünstig. »Du bist einer«, lachte Michael, »wenn ich mich nicht irre. Pass auf! Hol dir den Hocker aus der Ecke und stell ihn vor das Rad – hinauf mit dir! Erste Lektion: Wie steuert ein Matrose das Schiff? Er hält das Rad mit beiden Händen. Er dreht das Ruder einmal badisch, einmal pfälzisch, nicht mehr, als er darf, und nicht weniger, als er muss. Dabei sieht er scharf nach vorne auf den Mast und weiter voraus auf den Schlepper und weiter auf die Landmarke, auf die hohe Pappel beispielsweise, und nun versucht er, Mast und Schlepper und Pappel in eine Linie zu bringen. Hast du's kapiert?«

»Aber du siehst doch auf mich, Schiffer?«, widersprach ich.

»Dafür bin ich der Schiffer«, schalt Michael. »Der Schiffer visiert nur mit einem Auge. Das andere hat er frei.«

Also visierte und steuerte ich, und wir fuhren dahin: voraus der Steven mit dem Schnauzbart, von dem Hüpfer ganz vorne nicht zu reden, dann der Mast mit dem Wimpel, der schwarze Rumpf mit der Fracht unter dem bretternen Dach, der Steuerstuhl mit den zwei raddrehenden, wahrschauenden Steuerleuten, Schambattist in der Küche, dem brutzelnden Fett in der Pfanne lauschend, und hinter Schambattist nichts mehr als die Heckfahne. Wir fuhren dahin, und die Landmarken voraus wechselten rasch. Insgeheim setzte ich ein Auge daran: Hüben und drüben glitt die schöne Welt vorbei – Pappeln und Weiden wanderten am Ufer, zogen vorbei und verließen uns. Rechts öffnete sich ein breites Altwasser, links trat offenes Land an den Strom, weit über dem Deich, am Hochufer, klebten zwei, drei Dörfer mit spitzen Kirchtürmen. Kühe weideten träg über eine Blumenwiese. Ein Bach mündete durch eine hohe Brücke im Deich, ein Erntewagen kroch darüber hin. Ein blaues Wasser, langgezogen, rohrumsäumt, streckte sich ins Land.

»Ich bin froh, dass ich ein Matrose bin«, sagte ich zu Michael.

»Guter Matrose!«, sagte Michael.

Schambattist kam die Stufen herauf: »Essen, Leute! Ablösung vor!«

Wir aßen, Michael und ich, unter dem Sonnensegel auf dem Küchendach. »Iss, Matrose!«, sagte Michael. »Iss du doch auch, Schiffer!«, sagte ich. Die Sonne stand zuhöchst über dem Rhein, sie drückte wie eine Faust aus Feuer auf Schiff, Wasser und Land. Das Land schrumpfte zusammen unter der glühenden Faust und wurde vollends flach. Beim letzten Bissen aber wies Michael mit der Gabel in die Runde: »Schau dich um – hier fängt's an.« Ich sah hinüber und herüber. »Wald fängt an«, sagte ich. »Die großen Wälder fangen an«, sagte Michael, »und in den großen Wäldern sind die großen Altwasser, ein Land aus Wald und Wasser. Dort gibt es noch, was es sonst nicht mehr bei uns gibt: Den Fischotter gibt es, und den Reiher, und der Wildschwan brütet am Rand des Röhrichts, und auf dem Wasser blühen Seerosen, soviel du dir nur vorstellen kannst.«

Wir steuerten das Schiff, nachdem wir den guten Schambattist abgelöst hatten, wir steuerten Schleife um Schleife durch die großen Wälder. Eine Fähre kroch langsam vor dem Bug der »Amei«, am lang gespannten Seil hängend, auf einen Kirchturm hinter den Uferbäumen zu. Michael hob den Zeigefinger: »Das da ist sozusagen ein nasser Fleck. Wer sitzt dort auf der Fähre, Naseweis?«

»Ein Pyper«, sagte ich, und Michael nickte vergnügt: »Gut geraten, Naseweis!« Die Talfahrer zogen hinter ihren Schleppern her, als hingen sie an dem Qualm wie Hunde an der Leine. Einmal rückte Michael die »Amei« weit hinüber; wir rieben uns beinahe an dem Schiff, und der Name am Bug glitt drohend auf Spucknähe an mir vorbei: »Herkules«. Michael drückte mir das Megaphon in die Hand: »Ruf schnell: ›Ahoi‹.« Ich rief: »Ahoi!« Michael spitzte die Ohren, und ich spitzte sie wie er; und da kam der Gegenruf: »Ahoi? Ahoi?«, es war unverkennbar eine Frage. »Jetzt raten sie an dem Rätsel«, lachte Michael. »Ein junger Matrose auf der ›Amei‹?

Das geht dem Nassen da drüben nicht in den Schädel!«

Wir steuerten, Michael und ich, die »Amei« durch die großen Wälder. Langsam wuchs der Schatten der Baumkronen wasserwärts, schiffwärts.

»Wir werden unser Vesperbrot auf der ›Möve‹ essen«, sagte Michael, während uns die »Amei« unentwegt vorantrug. »Die ›Möve‹ hat eine Wirtschaft an Bord mit einem Wirt und einer Wirtin, ein nasser Fleck, nass von Bier und Wein, du Naseweis.«

»Ein Pyper«, sagte ich großartig, und Michael nickte vergnügt: »Der Pyper Fred!« Sachte trug uns die »Amei« der Dämmerung und der Kühle entgegen.

Rechterhand voraus, im Schatten der Uferpappeln, reihte sich der Böschung entlang Schiff an Schiff. Zuvorderst hing das Hausboot, die »Möve«, klein und absonderlich neben den großen, flachen Kähnen. »Hier legen wir an«, sagte Michael. »Du gehst nach vorn zu Schambattist ans Spill. Und dann – hör gut zu – ziehst du deine Schuhe an und fährst dir durch den Strubbelkopf. Die Leute von der ›Amei‹ gehen nur landfein von Bord.«

Wir gingen landfein von Bord, ich und Michael

und Schambattist; wir stiegen in den Abendschatten hinüber, in die graue Stille unter den Uferbäumen, und ich griff nach Michaels Hand.

»Hundert Schritte!«, sagte Michael. »Hundert Matrosenschritte, und du hast es heller, als du es je auf der ›Amei‹ gehabt hast.«

Der Laufsteg war hell, die Glastür war hell, und die Fensterreihe war hell, ein Licht neben dem andern. Die Helligkeit reichte noch für den Widerschein unten.

Hinter der Glastür dehnte sich die Gaststube in die Länge – ein Schiff ist lang und schmal. Vor den Fenstern standen die Tische, und auf den Stühlen davor saßen die Schiffigen.

Michael Pyper, Schambattist und ich, landfein, wie wir waren, wir wandten uns der Theke zu, dem nassen Fleck, und es begann das Händeschütteln und das Schulterklopfen. »Das hier ist unser neuer Matrose«, sagte Michael, und er fasste mich an den Hüften und hob mich ein wenig an, dass die zwei Pyper zu mir herunterlangen konnten, der lachende Wirt und die lächelnde Wirtin. Die Schiffigen an den Tischen ließen sich nichts entgehen.

Wir setzten uns an den freien Tisch vor der Theke. »Um auf unseren Hunger zurückzukommen«, sagte Michael, »was willst du also essen, Matrose?« »Schwartenmagen, scharf gewürzt«, sagte ich und grinste ihn hinterlistig an. »Und Musik dazu aus dem elektrischen Klavier – genau wie im ›Halben Mond‹.« »Du bist ja ein kleines Scheusal«, sagte Michael erstaunt. »Wer hat dir je etwas von dem scharfen Schwartenmagen gesagt?«

Ich sagte es ihm, als ich neben ihm lag, im Bett der Straßburger Braut. Ich lag neben ihm, dem ersten Schiffer auf dem langen Wasser, Inhaber des großen Patentes, und den Fischen unten war es nicht wohler als mir. Ich hatte nichts zu tun, als mir ein Herz zu fassen: »Könnte es nicht doch einmal sein, dass die junge, schöne Amei hier Zuflucht sucht? Dass sie, um es genau zu sagen, heute Nacht durch die Kajüte geht, leise wie ein Hauch, ein außerirdischer?«

»Solange du wach bist und den Mund voll nimmst, kommt sie sicher nicht«, sagte Michael. Es war ihm ernst damit, das war zu hören.

Ich hielt den Mund und schlief über die ganze Nacht; aber Amei kam nicht. Ich verschlief den Aufbruch wie am ersten Tag, und als ich zu Michael hinaufstieg, gewaschen und gestriegelt, wie Schambattist sagte, illuminierte die Sonne schon längst verschwenderisch die großen Wälder. Wir steuerten zu zweien das Schiff, der Strom, ein goldschuppiges Ungeheuer, trug uns sanft voran. Wir steuerten unentwegt Straßburg entgegen, dem Ziel der langen Reise, wir fuhren über den Tag und fuhren bis zum Abend: über die zarte Leiste aus abendlichem Dunst hob sich, silbern gezeichnet und schimmernd, der Turm des Münsters empor in das schönere Blau.

Der Himmel über dem Straßburger Hafen war eine rotglühende Kuppel, rundum von den schwarzen Armen der Kräne gestützt. Es war nicht anders: jetzt schon rührte mich das Geheimnis an, noch ehe die Nacht begonnen hatte; mein Herz wuchs innen und klopfte drängend, als habe es keinen Platz mehr.

Michael und Schambattist machten sich landfein; Michael hatte noch Amtliches zu tun, wie er sagte – von der Straßburger Braut redete er nicht, der Heimtücker. Schambattist ging zu seinem Verhältnis – er sagte nichts davon; aber der Heimtücker Michael redete spöttisch darüber. Mir wurde aufgetragen, einzuschlafen, alsobald – diesmal spöttelte

Schambattist – und weiter zu schlafen über die ganze Straßburger Nacht.

Ich schlief – oder schlief ich nicht? Unter mir war kein fester Grund, unten schwammen die Fische. Spürte ich, wie das Schiff erzitterte, wenn eine Flosse den Kiel berührte? Ich spürte es wahrhaftig – ich spürte es bis in das groß gewordene, klopfende Herz. Spürte ich den außerirdischen Hauch, hundert Mal leiser als die Flosse unten am Kiel? Ich spürte ihn – ich spürte, unendlich leise, die Hand Ameis. Und dann sah ich sie – sie beugte sich über mich, langes, offenes, blondes Haar fiel ihr auf die Schultern, sie strich mir, unendlich leise, übers Gesicht. Und ich hörte sie, sie flüsterte: »Ich bin da, ich bin auf meinem Schiff. Es ist ein Geheimnis; ich weiß aber: Du wirst mich nicht verraten.«

Schlief ich – oder schlief ich nicht? Ich weiß es nicht.

Mein Herz schwoll vor Glück so groß wie die Schiffsglocke draußen am Steuerstuhl.

Es geschah nichts weiter in Straßburg. Einmal kam Michael mit seiner Braut, und für einen Augenblick fielen mir Zweifel ins Gemüt. Für einen Augenblick war ich misstrauisch, als ich sie sah:

offenes, blondes Haar und ein süßes, junges Gesicht. Sie lächelte, wie Amei gelächelt hatte im Licht der kleinen Birne über der Tür.

Sie lächelte – und was weiter? Ich kniff mir wütend ins Bein: Es gab tausend junge, süße Gesichter mit dem Mädchenlächeln Ameis, umrahmt vom offenen, blonden Haar – aber es gab nur ein Geheimnis. Es gab tausend irdische Bräute; aber es gab nur ein einziges außerirdisches Geheimnis. Ich schwor auf der Stelle, die Straßburger Mädchenhand lag noch auf meinem Schopf, ich schwor inbrünstig, das Geheimnis auf ewig zu bewahren, und ich bewahrte es, in Straßburg, auf dem Schiff bei der Talfahrt und erst recht zu Haus. Viel später erst, als ich zufällig am Hafen zu tun hatte und die »Amei« an der Kaimauer antraf, sagte ich Michael die Wahrheit über den außerirdischen Fahrgast auf seinem Schiff. Er lachte nicht, wie ich befürchtet hatte; er wurde nicht einmal böse auf mich, als ich ihm vorhielt, er sei nicht zarthäutig genug, um auch nur eine Flosse unten am Kiel zu spüren, geschweige denn die Hand Ameis, hundert Mal leichter als die leichteste Flosse – er gab offen zu, dass ein Matrose dann und wann ein besserer Mann sein könne als der Schiffer:

Von dem Außerirdischen stehe nun einmal nichts in dem Patent, und sei es noch so groß. Guten Gründen verschließe sich ein Pyper niemals.

»Du hast mich überzeugt«, sagte er und stupfte mich freundschaftlich in die Rippen. »Du hast mich überzeugt, dass die junge, schöne Amei, wenn ihr schon eine irdische Zuflucht zugewiesen ist, am liebsten auf meinem Schiff ihre Kajüte hat – sie soll sie haben! Ich sage dir: Sie soll sie haben!«

Um genau zu sein: Er versprach mir sogar, dass er von nun an wohlwollend die leisen Schritte und die leichten Hände der jungen, schönen Amei hinnehmen werde wie die nicht viel weniger leichten Schritte und die guten Hände seiner jungen, schönen Frau.

Sie kam gerade dazu, die Straßburger Braut von neulich, die Janine Pyper nunmehr, wie mir Tante Anna erzählt hatte. Das sei ein echtes Pyperwort, sagte sie, und sie fuhr mir durch den Schopf mit dem Mädchenlächeln von neulich. Es gab, weiß Gott, nichts an ihr auszusetzen, Tante Anna musste es schließlich einsehen.

Bethlehem im Hinterhof

Es war sicherlich das geringste und armseligste Haus im Bachviertel, hinter unserem Hof gelegen, zwischen die rückseitigen Mauern von Schuppen und Werkstätten geraten und dann verlorengegangen. Man erreichte es nur durch einen verwinkelten Schlupf zwischen verwittertem Gemäuer und geriet unversehens auf den gepflasterten Hof, eine Manneslänge im Geviert, rings umstellt von Ställen und Ställchen, hinter deren Drahtgitter mannigfaches Getier hauste: ein Dutzend graublaue Kaninchen, ein schwanzloses Eichhorn, zwei Turteltäubchen mit einer Krähe als Nachbarin und zeitweilig ein junger Stinker von Fuchs oder Dachs neben einer Igelfamilie. Dann nahm die grüngestrichene Tür den Besucher auf – und augenblicklich war man drinnen, mitten zwischen dem siebenfachen Leben, und wenn Vater Anton zu Haus war, zwischen dem achtfachen, und war wohl aufgenommen und einbezogen, und der trübe Winterhimmel blieb draußen samt der Langeweile und dem Verdruss.

In den weihnachtlichen Tagen drängte zueinander, was sich sonst rastlos und auseinanderstrebend in der warmen Stube bewegte, und diese Verwandlung bewirkte einzig und allein das Haupt- und Glanzstück der winterlichen Zeit, die Weihnachtskrippe nämlich, die von alters her zum Haus gehörte.

Wenn der Vater Anton, der ein städtischer Arbeiter war und um diese Zeit im Wald mit den Holzfällern zu tun hatte, am Abend heimkam, dann war oft sein Mantel zart vom Schnee geflockt, und in der offenen Tür war für einen Augenblick das Höfchen sichtbar, vom stillen Geriesel verschleiert, dennoch im Licht der Stubenlampe in seiner neuen, fremden Reinheit zu erblicken, bis die Tür wieder zuschlug. Vater Anton machte drinnen seine Umhangtasche auf und schüttelte über den Tisch, was er aus dem fernen, verschneiten Wald mitgebracht hatte. Da waren die grünen Kissen des Weihnachtsmooses, die stachligen, harzduftenden Zweige der Tannen und das Säckchen, mit rotem Sand gefüllt – und vor allen Dingen die Büschel der seltsamen Misteln, die so unzugänglich hoch über der Erde wachsen, weit oben in den windzerzausten Wipfeln der Föhren.

Der Zimmerwinkel, der Alkoven, seit jeher der Platz für die Krippe, veränderte sich allmählich, es entstand ein weitgedehntes Land, es fügte sich wie alljährlich Teil um Teil der Krippenlandschaft zusammen – Bäume wuchsen aus den Hügeln des roten Sandes, Busch um Busch säumte die hohen Ufer des Baches, der aus silberblauem Papier geschnitten war, die Brückchen aus Eichenzweigen, mit zierlichen Geländern versehen, spannten sich über den silbern fließenden Bachlauf, die Moosberge wölbten sich um die Weiher aus Spiegelscherben, und der rote Schlängelweg schlüpfte vom Ziehbrunnen dorthin, wo sich das große, wunderbare Ereignis begeben sollte. Es war die Landschaft der Hirten und der neugierigen Bethlehemiten, es war die Landschaft der drei Könige – und die Landschaft des Christkindes, wenn es die Mutter Maria einmal lustwandelnd vor den Stall tragen wollte. Es war die Landschaft unserer Träume: Die Tannenbäume wuchsen sich zu dichtem, dunklem Walde aus, die Mooskissen ergaben die weitläufigen, grünen Hügel für die weidenden Schafherden, den Schauplatz der nächtlich singenden Engelchöre, und die Wege zeigten die Trittspuren der langsam dahinschwankenden Kamele und der kleinen, grauen Esel und der verhohlen im Schatten der Winternacht schleichenden Wölfe. Die Bäche trieben die Wasserräder der Mühlen und mahlten das Korn, dass Maria und

Josef das tägliche Brot hätten; und an dem Brunnen tranken die Lämmer und die Kälber und die durstigen Wanderer, die vorüberkamen – der Himmel allein wusste, woher und wohin sie unterwegs waren.

Wenn dann die Stätte bereitet war, wurden die Kisten und Kasten vom Speicher geholt, und die alte Krippe hob sich aus dem Schmutz der Verhüllung. Sie war nun freilich von besonderer Art und rechtfertigte das Ansehen, das sie im ganzen Bachviertel genoss. Sie war künstlich aus mehreren Teilen zusammengefügt, und wenn auch der Stall mit dem Strohdach zweifellos der wichtigste war, so galt unsere heimliche Liebe vor allem den unwichtigen Anhängseln; denn sie waren es wohl, die die Krippe über die vielen von der gewöhnlichen Art erhoben. Der Stall lehnte sich einer Stadtmauer an, und links von ihm war ein Stadttor mit Zinnen und Wehrtürmen zu sehen, und über die Mauer ragten die bürgerstolzen Giebel und Dächer der jenseitigen Häuser. Rechts aber war breit und behäbig die Herberge hingesetzt mit einem funkelgoldenen Schild; Bank und Tisch standen davor, und selbst die Futterkrippe für die hungrigen Fuhrmannsgäule war nicht vergessen.

»Da schaut her«, pflegte Vater Anton zu sagen, wenn er Teil um Teil mit Häkchen und Klämmerchen zusammensetzte, »die vielen Fenster und die Zimmer und Kammern dahinter – alles für die lieben Gäste, solange sie nur genügend Geld dafür haben. Der Wirt nämlich schreibt am Morgen eine ellenlange Rechnung, der Geizhals. Aber wenn einer kommt und sein Beutel ist leer – hinüber mit ihm in den Stall, und das ist auch der richtige Platz für das Gesindel, für die Stromer und Handwerksburschen, und auch für die lieben, armen Leute, die es überall gibt und schon vor tausend Jahren gegeben hat und noch in tausend Jahren geben wird. Gib mir eine Handvoll Stroh her, Felix, wir wollen hinten bei dem Verschlag, wo der Ochs und der Esel ihren Schlupf haben, ein bisschen ein Lager für die armen Schlucker hintun; Stroh ist warm, Stroh ist weich. Wüssten die dahinten unter den Dächern, wer einmal darauf schlafen soll, was hätten sie ihr Stadttor weit aufgemacht! Nein, sie lassen es zu! Es geht halt nicht anders auf der Welt.« Und dann, wenn er fertig war, reckte er sich und befahl wie der römische Kaiser selber, der einmal dort im Land regiert hat: »Jetzt die Figuren, Jaköble!«

So stiegen die Krippenfiguren von ihren Betten aus Holzwolle auf, zwei oder drei Tage vor Weihnachten; das Jaköble reichte sie dem Franzel, und der blies über sie, dass der einjährige Staub von den roten, blauen und grünen Kostümen flog, und der Vater Anton nahm sie entgegen und setzte sie an ihren althergebrachten Platz: das heilige Paar mit dem Krippenkind in das Stroh des Stalles und Ochs und Esel in ihren Verschlag; die Lämmerherde ließ er über die Fluren weiden, und die Hirten saßen oder standen um ihr Feuer, abseits vom Stall unter der sternklaren Winternacht, und der Engel der Verkündigung schritt schon auf sie zu, um sie aufzustören mit seiner Botschaft. Die Römersoldaten, grausam gewappnet, bewachten ihr Stadttor, dass keiner heraus- oder hineinkönne in der heiligen Nacht, und der Nachtwächter mit Hellebarde und Laterne strich um die Herberge und lauerte ab und zu vor der Tür, ob ihm einer ein Viertel spendiere. Zwei Propheten mit weißen Bärten saßen würdig auf der Herbergsbank und legten sich eifrig die Schrift aus, und selbst der König Herodes fand keinen Schlaf in dieser Nacht; er war von seinem Himmelbett aufgestanden und hatte die Krone vom Stuhl genommen und auf sein Haupt gesetzt und kam nun von seiner Stadt Jerusalem herüber, um nach dem Rechten zu sehen.

Zuletzt kam noch der kleine Kram an seine Stelle: das Laternchen in den Stall, die Eimer neben die Brunnen, der Spatz auf das Dach und das Hündlein hinter die Herde – jedes an seinen Platz. Ja, alles musste aufs beste gerichtet sein für die wunderbare Nacht, und ich versäumte keine Zeit, um nachzusehen, ob etwas fehle; ich schlüpfte, kaum waren die Lichter an unserem Christbaum ausgeblasen, durch den Winkel hinüber in das Nachbarhaus: Der Stern strahlte über dem Tannenwald, und das Laternchen brannte emsig am Balken über der Krippe, Maria neigte sich über das Kind, und Josef sah zu, der Engel sang über den Wiesen von Bethlehem, und die Hirten lauschten erschrocken – alles war wie eh und je. Im Kerzenschimmer leuchtete die Weihnachtskrippe und rührte an unsere Herzen, und wir hielten still: Das Wunderbare vollzog sich vor unseren Augen.

Lina Sommer im Wellhöfer Verlag

Lina Sommer
Magister Fuchs

32 Seiten Großformat,
13 Zeichnungen,
14,80 Euro

Es sprach der Fuchs zum Löwen:
„Herr König, hör mich an,
Das Lehren und das Lernen
Bricht immer mehr sich Bahn,
Doch sieht's in der Beziehung,
Es ist ein Schreck, ein Graus,
Gerad in unserm Reiche
Gar schaurig-traurig aus!"

Mit diesen Worten beginnt die liebenswerte Geschichte des Magisters Fuchs, dem ersten Lehrer, der die Schulpflicht in der Tierwelt einführen wollte, und auf anrührende Weise scheiterte.
Wie das zuging, schildern Lina Sommer und Otto Dill mit spitzer Feder und einem unnachahmlichen Pinselschwung.
Der hier erfolgte Nachdruck des schon 1905 erfolgreichen Kinderbuches ist ein Fundstück für Kinder und Erwachsene – ein kunstvoll gestalteter Seufzer zum Thema Schule.

Lina Sommer im Wellhöfer Verlag

Lina Sommer
Pälzer Hausapothek

190 Seiten, gebunden,
16,80 Euro

In der „Pälzer Hausapothek" hat Lina Sommer ihre persönlichen Lieblingsgedichte und -geschichten ihres langen und erfolgreichen Dichterlebens zusammengetragen.
Entstanden ist so eine Sammlung vergnüglicher, nachdenklicher und kunstvoller Beschreibungen ihrer Heimat und ihres Lebens das von Speyer aus seinen Lauf nahm. War ihr Leben auch von vielerlei Schicksalsschlägen und schweren Zeiten geprägt, folgte sie doch immer dem Motto ihrer ganz persönlichen „Hausapothek":

„For jedi Krankheit – se hääß wie se will –
Is der Humor e heilsami Pill."

Lina Sommer gilt bis heute als die wichtigste Autorin der pfälzischen Mundartdichtung.

Pfälzer Klassiker im Wellhöfer Verlag

HANNS GLÜCKSTEIN
Der lachende Poet

Zusammengetragen
von Siegfried Laux

176 Seiten, gebunden
19,80 Euro

Im vorliegenden Sammelband hat Siegfried Laux eine Auswahl der schönsten Gedichte von Hanns Glückstein zusammengetragen und gibt anhand zahlreicher Bilder Einblicke in das Leben des Dichters und seiner Familie und Freunde. In seinen nur 43 Lebensjahren hat Glückstein einen unvergleichlichen Schatz stimmungsgeladener, heiter-melancholischer und humorvoller Gedichte hinterlassen. Er gilt bis heute als einer der bedeutendsten Dichter der Kurpfalz.

Hanns Glückstein durchleuchtet das Menschlich-Allzumenschliche vom Psychologischen her und traf mit seinen so leicht und locker klingenden Reimen den Nagel auf den Kopf. (Mannheimer Morgen)

Pfälzer Klassiker im Wellhöfer Verlag

Friedrich W. Hebel
Pfälzisches Sagenbuch

238 Seiten, gebunden,
16,80 Euro

Jeder Landstrich, jede Stadt und jeder Ort der Pfalz hat seine Sagen, die von Generation zu Generation weitergegeben wurden. Der auch als „Pfälzer Grimm" bekannte Friedrich Wilhelm Hebel widmete sein Leben der Sammlung dieses unerschöpflichen Sagenschatzes. In seinem legendären „Pfälzischen Sagenbuch" von 1912, das hier in einer Neuauflage vorliegt, findet der Leser geheimnisvolle, schaurige und oftmals auch humorvolle Geschichten und Begebenheiten, die sich um die prägenden Plätze und Persönlichkeiten der Pfalz ranken.

„Hebel hat mit seiner Sammlung der gesamten Pfalz einen unschätzbaren Dienst erwiesen." (aus dem Nachwort von Karlheinz Schauder)

www.wellhoefer-verlag.de

Wellhöfer Verlag
Ulrich Wellhöfer
Weinbergstraße 26
68259 Mannheim
Tel. 0621/7188167
www.wellhoefer-verlag.de

Titelgestaltung: Uwe Schnieders, Fa. Pixelhall, Mühlhausen unter
Verwendung einer Kreidezeichnung von Günther Zeuner
Satz: Bittner-Dokumedia, Hoisdorf

Der Verlag dankt Harald Gutting für die Genehmigung zur Neuauflage der 1975 unter dem gleichen Titel erschienenen Erstauflage im Schwabenverlag, Ostfildern; dem Landesbibliothekszentrum Rheinland-Pfalz/Pfälzische Landesbibliothek in Speyer für die Überlassung der Originalausgabe und dem Speyerer Künstler Günther Zeuner für die Genehmigung des Abdrucks der Kreidezeichnung auf der Titelseite.

Das vorliegende Buch einschließlich aller seiner Teile ist urheberrechtlich geschützt. Jede Verwertung ist ohne schriftliche Zustimmung des Verlages unzulässig.

© 2008 Wellhöfer Verlag, Mannheim

ISBN 978-3-939540-28-1